丛书编委会

总　策　划：来新国　王文成

编委会主任：郭齐勇　周晓亮

编　　　委：来新国　陈知涯　张　彧　尹格韬　沈　众

　　　　　　　王文成　孟淑贤　周长志　罗养毅　秦　丹

　　　　　　　乌　琛

大家精要

凌廷堪

刘舫 著

陕西师范大学出版总社

图书代号 SK16N1062

图书在版编目(CIP)数据

凌廷堪 / 刘舫著. —西安：陕西师范大学出版总社有限公司，2017.1（2024.1重印）
（大家精要）
ISBN 978-7-5613-8739-9

Ⅰ.①凌… Ⅱ.①刘… Ⅲ.①凌廷堪（1755—1809）—传记 Ⅳ.①B249.95

中国版本图书馆CIP数据核字（2016）第272638号

凌廷堪　LING TINGKAN

刘　舫　著

责任编辑　王西莹　彭　燕
责任校对　王淑燕
特约编辑　杨　琳
封面设计　张潇伊
出版发行　陕西师范大学出版总社
　　　　　（西安市长安南路199号　邮编710062）
网　　址　http://www.snupg.com
印　　制　永清县晔盛亚胶印有限公司
开　　本　650 mm×930 mm　1/16
印　　张　10
字　　数　100千
版　　次　2017年1月第1版
印　　次　2024年1月第2次印刷
书　　号　ISBN 978-7-5613-8739-9
定　　价　45.00元

读者购书、书店添货或发现印刷装订问题，请与本公司销售部联系、调换。

电话：（029）85303879　　传真：（029）85307864　85303629

目　录

第 1 章

家世生平

1757 年是清朝乾隆做皇帝的第二十二个年头。这一年，也是乾隆皇帝最惬意的一年。首先，乾隆皇帝如愿以偿地实现了第二次江南巡视。他体察民情，巡访水务，笼络江南的士大夫，并将杭州、嘉兴、湖州、绍兴四府的钱粮全部蠲免，确实为所到之处的江南百姓带去一些"及时雨"。与此同时，他也享尽了江南的风物美馔，历尽了官员们的前呼后拥和百姓欢呼"万岁"的风光。再者，历时七十年之久的西北边疆之乱终于被彻底平息，解除了他的心头大患。大清的黄龙旗终于在塞北这片沃土上再次高高飘扬。它标志着清王朝真正的"统一"大业最终告成，也预示了清王朝从此将迎来它最鼎盛的时期。

也就是这年的农历八月二十日，在地处黄海之滨的海州板浦场的凌姓寓宅中诞生了一个男孩，他就是本书要介绍的清代礼学大家——凌廷堪。

一、从盐商家庭走出的读书郎

凌廷堪（1757~1809），字次仲，原籍安徽歙县。他的高祖（祖父的祖父）凌坤元，字宁一，是县学的学生，著有《长松室稳香舍》二稿；祖父凌易筠，字松友，国学生，生性豪侠仗义，不居一室，喜欢去各地游走。凌易筠曾为治水的官员陈弊献计，也曾远走塞上，为宁远大将军平定准噶尔叛乱出谋划策，得到了大将军的赏识，挽留他入幕，可是他婉言谢绝了。后来他因迎娶了海州板浦许世贞的女儿，才回到故乡不再复出。因此凌家也称得上书香门第。

然而凌易筠早逝，家道开始中落，凌廷堪的祖母许氏的生活也失去了依靠，不得不远离故乡，外出另觅栖身之地。她带着年幼的儿子凌文焵由歙县迁至海州板浦场，暂时寄住娘家。清代的海州板浦场，即今天的江苏省连云港市下属的灌云县。它东临黄海，素有"东海名郡"和"淮海东来第一城"之称。板浦自古是海州的繁华集镇，不仅商贾云集，百业繁茂，而且文人荟萃，才子迭出。史书上记载，孔子曾两度率弟子来海州讲学，并在此登山望海。可见，当时的海州也是文化积淀比较深厚的古城。

明清时期苏北经济的崛起，其基础是淮盐。"腰缠十万贯，骑鹤上扬州"，天堂般的扬州，全是由淮盐支撑起来的。当年的板浦，就是扬州的一个缩影。它是苏北三大内河盐运码头之一，河流纵横，船运繁忙。淮北盐场负责生产、管理、运销的衙署就设立在此，于是大量的徽商云集此地。凌文焜的外祖父许世贞一家就是在板浦经营盐业的灶户。所谓的"灶户"，就是以煮盐为业的民户，虽然他们都遭到盐官和场商的盘剥，但灶户之间也有贫富之分。许世贞因为经营有方，家计也算殷实。长大的凌文焜为了维持生活，于是借助外祖父的资助，也加入了灶户这一行当。

凌文焜，字燦然。由于他的原配夫人戴氏没有生育，于是他又娶了王氏。王氏出身于海州大族，她为凌文焜生了两个儿子，长子凌廷尧，次子即是凌廷堪。凌廷堪五岁的时候，他的父亲曾以悬挂在厅堂、书房、卧室等地方的楹联匾额考他，不料小小年纪的凌廷堪竟能应声作答，毫不费力。邻居和亲友们对此都感到十分新奇，纷纷出联求对，凌廷堪也都能顺利对上。原来，往日每当有人诵读这些文句时，凌廷堪总是在旁聚精会神地听，默默地记诵，久而久之，竟能化为己用。据此，邻居和亲友，无不赞叹凌家出了个非常聪慧的孩子。

可是，世事总是难以预料，在海州安顿下来的凌家又遭到了不幸。就在凌廷堪六岁的时候，父亲凌文焜因病离开了人世。这时，凌廷堪的长兄凌廷尧已经二十六岁，早已成家立业，并且有了一个儿子。父亲的早逝，使维持家庭生计的重担都落在了凌廷尧的身上，既要赡养嫡母戴氏和生母王氏，还要照顾弟弟，更有自己的妻子和嗷嗷待哺的孩子，所以十分艰辛。为了能减轻长子的生活压力，凌廷堪的母亲时常卖掉一些身上佩戴的珠簪耳饰，以此来贴补家用。

凌廷堪到了七岁的时候，去了离家不远的私塾上学。在刚开始读书的日子里，私塾的老师教孩童们读《大学》，可凌廷堪怎么也读不懂，不了解《大学》到底讲了些什么。正如他在二十九岁时所作的《学古诗二十章》一诗中写的："忆昔学语日，出就童子师。迫使读《大学》，百读百不知。"这也许是凌廷堪回忆自己幼年读书情况的最早记录了。

《大学》是"四书"之一。南宋时，朱熹对"四书"作了注释，以后成为学子们的必读书。元朝的时候，"四书"被中央政府确定为科举考试的指定教材。从此，"四书"便取代了儒家的其他经书，享有独尊的地位。然而《大学》对于一个才开始读书识字的儿童来说，确实有些勉为其难。不过，到了凌廷堪十二岁的时候，他便能日读百行，熟通"四书"了。当时海州有一个叫程实斋的读书人，对凌廷堪的早慧十分赞赏，他在一封给友人的书信中写道："乾隆戊子，余年二十，闻郑氏书塾中有同乡凌氏子年十二，慧甚，日读百行。"这时候的凌廷堪，可以说在海州已小有名气。然而面对家庭经济每况愈下，懂事的凌廷堪开始考虑为兄长分担生活的重担。就在十三岁那年，他结束了五年的私塾生活，违心地离开了学堂，开始学习做生意，跟着哥哥在商场上讨生活。

二、三次科考终圆进士梦

凌廷堪虽然弃学从商，但是他读书的心愿并没有因环境的变化而消逝，反而变得更加强烈。他白天奔波于商贾之间，到了晚上就读书自学。由于经济拮据，他无力购书，为了满足自已的求知欲望，常常从友人家里借书来阅读。如这一时期他主要看的《词综》《唐诗别裁》之类的书籍，就是从友人那儿借来的。正因为阅读的书籍来之不易，更加激励他挑灯苦读，不知疲倦。《词综》是清初著名学者朱彝尊编写的词总集，选录了唐、宋、元三代六百五十九家词，共计两千两百余首，内容非常丰富。《唐诗别裁》是乾隆时期沈德潜编的一部诗集，共有二十卷之多，其中主要记录了唐代不同诗歌流派的诗作一千九百余首，在当时是一部十分有影响的唐诗选本。自从有了这两部书之后，凌廷堪便百读不厌，反复揣摩，不出一年的工夫，就初步掌握了欣赏诗和词的方法，而且能够尝试自己赋诗作词了。

为了丰富自己的学识，凌廷堪经常到板浦的含沧书屋看书。书屋的主人是在当地颇有名气的杨锷。然而，对凌廷堪求学产生更大影响的，则是当时寄居在含沧书屋的诗人张宾鹤。张宾鹤，字云汀、仲谋，号尧峰，钱塘人，是一位很有才气的诗人和书法家，擅长作七言古诗，书法崇尚颜真卿。张宾鹤在海州板浦时，看到了凌廷堪平时所写的一些诗词作品，十分惊奇，便主动将正规的作诗方法教授于他。凌廷堪在日后的《寄怀张云汀先生》一诗中回忆这段经历时写道："忆君在海上，授我为声诗。谓我下笔古，有若屈宋辞。"从张宾鹤对凌廷堪的评价来看，凌廷堪当时不但偏爱古体诗，而且对屈原、宋玉的骚体也情有独钟，甚至超过对华丽的唐诗的喜爱。这种青睐远古的情怀，也许正是后来凌廷堪倾注一生心血研究《仪礼》这部古老经典的原因之一吧。

在得到了高人的指点之后，凌廷堪作诗的兴致一发不可收，同时他也借诗来抒发自己的情怀，表达自己的理想。如后来保存在《校礼堂诗集》中的题为《静女吟》的诗中，凌廷堪自比"静女"，表达了不管周遭环境如何变化，他都要避开来自外界的诱惑与俗事带来的烦恼，心志坚定地继续学文作诗的心迹。又如他在另一首题为《送程时斋游关中》的诗中，放言不但要与青天试比高下，而且还要用笔将华夏九州、大河山川任意挥洒，他还勉励友人不要与周围的人一般见识，要视富贵为无谓，要用与天一样浩瀚的胸襟拥抱自己的生命。古人说"诗言志，歌咏言"，正在学做诗人的凌廷堪用朴素的诗句抒发着自己的胸怀，年轻的心装满着对未来的憧憬。这年他十八岁。

正当凌廷堪信心十足地从事诗词写作的时候，一次偶然的机会，他结识了戏曲家吴恒宣。吴恒宣是《双仙记》和《义贞传奇》的作者，颇有文名。当时吴恒宣正在编写《云台山志》，在了解到凌廷堪的情况后，他邀请凌廷堪一起参与写作。在吴恒宣的影响下，凌廷堪开始留心南北曲之学。他认为词曲虽然不为一些文人学士所重视，被认为是"小道"，但它毕竟也是古代音律学中的一个重要门类，从此他潜心学习词曲。一年之后，凌廷堪凭借自己的聪慧和勤奋，竟能独立写曲和作古文了，这也为日后他在燕乐的研究领域取得突破性的成就奠定了基础。

凌廷堪通过自己的努力，虽然在诗词古文方面取得了长足的进步，但是近十年来的经商，成绩却平平，似乎毫无建树。

母亲王夫人对儿子的秉性十分了解，知道儿子的志向不在经商，而是胸怀高远。她语重心长地对凌廷堪说："你选择了经商，却又不屑与商人为伍，恐怕难以长久，还不如坚持走读书的路。"她还提醒凌廷堪："读书不是为了什么头衔虚名，而是在学习经典的过程中，明白做人的道理，并能践行不渝。既然在小小的板浦场没有可供你继续提高学识的机会，我已有你的兄长照顾，你就出去寻找老师和朋友吧。"恰在此时，凌廷堪的表兄弟，时任仪征课税司大使的许执中请凌廷堪去署中担任管理文案的工作。如此有了经济上的保障，凌廷堪便整理行装，前往商业繁荣、学人往来频繁的江苏仪征，迈出了他继续读书深造的第一步。这年凌廷堪二十三岁。

离开故乡远行，离开朝夕相伴的母亲，这对于从小就失去父爱的凌廷堪来说，此时此刻心里只有对养育他的母亲的依依不舍。临行之前，凌廷堪感慨万千，他在《别家》一诗中写道："廿载依膝下，未尝顷刻离。今日远行役，恐母常念儿。行礼行载途，犹复牵母衣。兄为引离尊，欲语仍含悲。仆夫催登程，相视徒依依。"然而对于孝顺的凌廷堪来说，还有一件始终萦绕于心的事情没有完成，那就是父亲的灵柩仍浮厝在板浦，还没有下葬。就在离家第二年的十月，他再次回到板浦场，扶父柩回安徽歙县，与祖父母合葬于梅山。安葬父亲以后，凌廷堪仍回到板浦场。乾隆四十六年（1781）二月初一，凌廷堪应两淮巡盐御史伊公之聘，又从板浦场到了扬州。

扬州历来是文人荟萃之地，风物繁华之城。清代两淮盐运史的治所就设立在扬州。聘请凌廷堪前来的伊龄阿，姓佟氏，官至侍郎，擅长绘画，诗也写得好。乾隆四十二年，他担任两淮巡盐御史，奉乾隆皇帝的旨意删改《古今杂剧传奇》，在扬州开设词馆，修改曲剧。这次修改，共删编校勘了一千一百多种曲目，历时四年，参加此项工作的有四十三人，完成了中国历史上第一部戏曲纲目和提要《曲海》。这是中国戏曲史上的一件大事。正是基于凌廷堪在戏曲上有一定的素养，伊龄阿便邀请凌廷堪来扬州协助他一起修曲。

出于对诗歌的偏爱，凌廷堪来到扬州后，除了参与修曲工作之外，他在读书过程中对金代诗人元好问也产生了浓厚的兴趣。元好问，字裕之，号遗山，著名诗人、史学家，是唐代诗人元结的后裔。元好问在诗、词、文、散曲和笔记小说等各个文学领域都有涉猎，其中尤以词的成就为最高，被誉为金朝一代之冠。元好问作品中所表达的百感交集的凄凉心境，激起了凌廷堪的共鸣，拨动着他的心弦。

在扬州，凌廷堪结识了阮元。阮元（1764～1849），字伯元，号芸台，江苏仪征人。他随后登科，宦途显赫，由翰林而出任浙、赣、豫巡抚和两广、云贵总督，经历了乾隆、嘉庆、道光三个朝代，被称为"九省疆吏""三朝阁老"，是清廷特别倚重的南方大僚。他在任职期内，提倡学术自任，是对乾嘉后期考据学潮流加以正面理论指导的著名学者。此时的阮元年仅十八岁，刚刚参加完童子试（取得秀才资格的考试）。虽然凌廷堪比阮元长七岁，但两人一见如故，从经学谈到填词，直抒胸臆，畅快淋漓，彼此都暗暗佩服对方的学识。闲暇时两人还结伴出游，十分融洽，由此结为莫逆之交。

在扬州修曲的日子不到两年，临时性的词馆就被撤销了，馆中同仁纷纷各谋生路。这时曾经共事的友人李绳写了一首诗赠送给凌廷堪，告诫他"莫将橡似笔，顾曲误垂名"，意思是说不要把短木棍当作笔，只顾研究戏曲，耽误了自己的前程，其实是建议他学习经学，走上真正的学术研究之路。李绳的话引起了凌廷堪的深思。凌廷堪虽然发愤读书，原来也曾经向别人借阅过儒家经典，但是由于自己从小失学，经学基础比较薄弱，所以在阅读过程中，往往苦于不得甚解，由此便认为读经是件苦差事，于是时读时扔，始终没有认真对待。此番看到李绳所赠的诗句，幡然醒悟。他觉得仅仅局限于词曲还远远不够，离所谓的真正学问还有相当的差距。从此以后，凌廷堪把丢弃的经书再次捡了回来，每天放在枕头边上，日日相伴。同事们看到他对经书如此认真和着迷，纷纷劝他与其选择经学这条艰苦的路，还不如赋诗作文更为便捷一些，而且也容易出名。对此，凌廷堪不为所动，他认为求学不是以难易来取舍的，更不是为了出名。他暗暗下定决心，定下目标，要求自己必须至少精通一部经书。为了能帮助自己熟记经文，他用手抄经书的形式加强记忆。当时有个叫作金兆燕的学者，乾隆三十一年（1766）进士，官至国子监博士，工诗词，尤精元人词曲，这时正改任在扬州做教授。他开坛坫，号召名士，联舫于红桥、白塔间，颇具号召力。他见凌廷堪能如此坚持学习经学，认为是一个可以造就之材，便劝凌廷堪不可长期滞留在乡里，建议他到京城去访学拜师，开阔眼界。

乾隆四十七年（1782）冬天，凌廷堪在学友的劝说下，终于决定去京城拜师求学，开始了他的科举之路。临行之前，在扬州的学友阮元、钟怀、何孙锦、江安等邀请凌廷堪游览扬州名胜瘦西湖，游毕在蜀岗酒肆为他饯行。席间，阮元赋五言古诗一首赠行，诗中说：

> 何当说远行，忽忽意无著。
>
> 昔贤拜责言，孤陋感杂索。
>
> 惟思双鲤鱼，素心或可托。
>
> 握手更赠言，持为此后约。

凌廷堪复答诗说：

> 今春来邗上，饥寒守空囊。
>
> 眼底忽逢君，不异云中鹤。
>
> 共语三日夜，解衣肆般礴。
>
> 刀解庖丁牛，斤去郢人垩。
>
> 新秋我北上，与君乍离索。
>
> 君赋送我诗，深情具怀酌。

从阮元与凌廷堪相互的赠答诗中可以看出，此时他们的友谊已非同一般，两人切磋学问已到了"共语三日夜"的佳境。面对短暂的分别，彼此互道珍重，互相勉励。在以后的日子里，他们之间通信频繁，有什么新想法新著作，便立即告知对方，一起分享。

初至京城，凌廷堪携带了平时的著述，在前辈的举荐和引领下，首先拜谒了日后成为他恩师的内阁学士、著名金石考据学家翁方纲。翁方纲（1733~1818），字正三，号覃溪，晚号苏斋，直隶大兴（今北京）人，是清代提倡"肌理说"诗论的著名诗人。乾隆十七年（1752）进士，主持过江西、湖北、江南、顺天乡试，督广东、江西、山东学政，官至内阁学士。他精于考据、金石、书法之学。主要著作有《石洲诗话》《复初斋文集》《复初斋诗集》等。当凌廷堪呈上自己作的诗文请他指点时，翁方纲连声称奇，十分赞赏凌廷堪的独辟蹊径之见，于是询问凌廷堪为什么不去参加科举考试，凌廷堪回答说自己因为没有学习过时文，不了解其中的文法，所以不敢贸然去应试。

所谓"时文"，在古代社会里是对科举考试所用文体的通称。因为它是古代社会士大夫的必修课目，所以又称为"举业""举子业""制义""制艺"等。时文是个历史概念，不同时代有不同的含义。唐代与宋初是指律赋，宋王安石改革科举制度，废律赋，用"经义"，于是"经义"便成了"时文"。从南宋到明初，时文的体制、格律日臻完善，终于形成了"八股文"。"八股文"亦称"八比文""四书文"，它是明清两代科举考试的专用文体，因此明清的"时文"也就专指"八股"了。由于"八股"的内容局限于"代圣贤立言"，所以它的形式也较为单一，即有所谓的破题、承题、起讲、领题、落下等一套固定格式。乾隆皇帝钦定官修的《四库全书》除收录一集明代八股文作为范本之外，其余一概不收。可见皇帝本人也未必认同"时文"为正统的学问。时文在一般人心目中，只不过是步入仕途的敲门砖，科第既得，筌蹄旋弃。

翁方纲听了凌廷堪的解释后，不紧不慢地对他说："你受俗人看法的影响太深，从古至今，文章都是一样的，写文章的道理也都是一样的，哪有什么几种方法，只有一种方法而已。"翁方纲随手拿起桌上的几篇文章说："这就是你说的那种八股文，你拿去看看，与你所了解的文章有什么两样吗?"翁方纲鼓励凌廷堪继续努力练习写作，说他一定能留下不朽之名。恰巧此时，翁方纲的门生章维垣被派去担任《四库全书》的总校官，凌廷堪于是得以进入四库馆做了校书。这对刚到京城的凌廷堪来说是十分幸运的，他不但得到名家的赏识，拜师入门，而且还得到了一份可以维持生计的工作。对此，凌廷堪既感激又欣慰。他在一首题为《古意二首上翁覃溪师》的诗中这样写道：

> 小草生田间，荆榛相蔽亏。
>
> 托根在贱地，作花何足奇。
>
> 田夫既不顾，采撷终无时。
>
> 敢望雨露及，常恐耰锄施。
>
> 一朝见君子，谓是兰蕙姿。
>
> 移置通都中，殷勤灌溉之。
>
> 草木岂忘情，芳馨日以滋。
>
> 何时纫为佩，以报幽人知。

凌廷堪自喻为一棵生在野外的不起眼的小草，他渴望被雨露灌溉，又怕被农夫不小心摧残。突然见到了君子，被当作优雅的兰草带到都会中勤加呵护。小草将"纫秋兰以为佩"，以自己微薄之力，来日以涌泉报答君子的滴水之恩。诗中对翁方纲的知遇之恩充满了感激。正是在翁方纲的照应之下，凌廷堪开始了他的科考之路。这年他二十六岁。

凌廷堪虽说研究过诗律词曲，文章也写得颇有文采，但应试毕竟是以时文为主，而时文是有一定的格式和要求的，这需要学子们平日多加训练和积累。凌廷堪没有经过正式的考试程序进入全国竞试，而是通过纳资捐监的方式，也就是向政府缴付一定的费用取得"监生"的资格后进入所谓隶属中央的大学。这样他得以免去各种考试而直接参加乾隆四十八年（1783）在顺天府举行的乡试。而这一年的主考官正是他的恩师翁方纲。但是出乎翁方纲意料的是凌廷堪没能把握住机会，结果名落孙山。对此，凌廷堪非常内疚，十分沮丧。他觉得很对不起如此器重他的老师。同时，在凌廷堪看来，一般的考生都是从小就开始学习应试，但待到满头白发还没有考取功名的比比皆是，而他自己直到望三之年才开始学习写八股文，恐怕聪明才智早就消耗殆尽了。再加上学艺未深，就鲁莽行事，考不上也在情理之中，只怪自己好高骛远，眼高手低。初试的失败对凌廷堪而言，不能不说是一个不小的打击。

虽然首次科举考试没有成功，但是凌廷堪在京城却结识了很多学人圈子里的朋友，并就有关学问进行了切磋，从而也得到了一丝安慰，如当时很有些知名度的扬州学者汪中就是其中之一。汪中（1744～1794），字容甫，江都（今属江苏）人，乾隆四十二年（1777）贡生。他禀性耿直，疾恶如仇，著书立说敢于标新立异，当时被称为狂徒，因此受到别人的种种冷遇和非议。汪中私淑顾炎武，好为经世致用之学，在哲学、史学、文学方面都有一定成就。汪中最厌恶宋代儒学，认为汉唐以后唯有顾炎武、胡渭、梅文鼎、阎若璩、惠栋和戴震六个真正的学者。汪中与凌廷堪虽然在扬州时已经由阮元介绍相识，但是切磋学问这还是首次。在一番交谈后，汪中深为凌廷堪的学问所折服。汪中比凌廷堪年长十三岁，因此凌廷堪对汪中以师友待之，既得到他的指教，也在许多看法上取得共鸣。据后人的回忆，汪、凌两人是乾嘉学派中痛诋宋学最甚者。汪中死后凌廷堪在为汪中写墓志铭的时候，回忆当时经常与阮元一起拜访汪中，年轻的阮元因为汪中好骂的性格，所以对他的敬畏之心不减，惶恐之情更加，渐渐不再一起前往，惹得汪中异常气愤，甚至有反目之嫌。但汪中在谈到当代学人时，对阮元还是赞赏有加，可见好骂的汪中仍然是一个大度耿直的学者。同时，凌廷堪在京还向翁方纲积极推荐好友阮元，认为阮元的学问不但可以与汪中比肩，而且与早已扬名京城的江藩旗鼓相当。不久，凌廷堪回到扬州，开始研究儒家经典中的《仪礼》，为今后在经学上有所发展打下了一些基础。

乾隆四十九年（1784）春天，凌廷堪在扬州与华氏结为夫妇，并在秋天携新婚的妻子回到家乡板浦场。可就在此时，与长兄一起维持家计的嫂嫂汪氏离开了人世。不久凌廷堪又回到扬州，并与阮元再次相见，写下《后大鹏见希有鸟赋》，自比为大鹏，比喻阮元为希有鸟。该诗是模仿唐代大诗人李白的《大鹏遇希有鸟赋》而作的。二十四岁的李白在江陵见到了受唐朝三代皇帝崇敬的道士司马祯，甚为欣喜，而司马祯也对李白十分欣赏，称赞他"有仙风道骨，可与神游八极之表"，李白于是写下此赋，在其中以大鹏自比。大鹏和希有鸟，原来都是上古传说中的飞禽，体形硕大无比。凌廷堪亦将两者之洽比喻他与阮元的情同手足和志同道合，可见他对阮元的推重和对自己的期许。

凌廷堪携华氏回板浦省亲时，被时任板浦场盐课司大使的李汝璜邀请至家中做客。在宴席上，结识了李之胞弟李汝珍，从此两人结下了不解之缘。李汝珍小凌廷堪八岁，十分仰慕凌廷堪渊博的学识，此后学业上每遇难题，必向凌廷堪请教。凌廷堪受李汝璜之聘，于乾隆五十三年开馆授徒，李汝珍又率先报名入馆，拜凌廷堪为师。李汝珍因《镜花缘》一书而名垂青史，他在书中涉及的很多方面的知识学问，如经学、音韵、考据等等，由他的求学经历可以推想，这些都得益于凌廷堪的教诲。嘉庆九年（1804），凌廷堪最后一次返回板浦作短暂居住，曾亲自为李汝珍所著的《李氏音鉴》进行编校，可见他们之间亲密的关系和深厚的感情。

然而，在古代社会，参加科举，跃龙门，进入仕途，光宗耀祖，是每一个读书人的追求与理想。凌廷堪也不例外，他在扬州小住之后，于冬天又北上京城，寄住在同窗牛坤中家中，准备再次应试。这时他在翁方纲的直接指导下，一边继续准备考试，一边通过考试进入国子监学习。三年一次的科举考试转眼又临近了，乾隆五十一年（1786），凌廷堪第二次参加顺天乡试，可是命运弄人，这次又是一无所获，而他的两个同学牛坤中和胡梧宾都顺利中举，挚友阮元也在这年考中江南乡试第八名。相形之下，凌廷堪感到格外的失意，对自己的考试能力和前途迷茫起来，他写道：

东坡望庐山，但识面目奇。

身未入山中，曲折何由知。

翁方纲看到失望的凌廷堪，便安慰他说："子之文可中而不中，盖天所以厚子也。子必勉之。"论实际学术水平，凌廷堪肯定远胜牛、胡二人一筹，金榜题名的应该是他，可是上天却偏偏没有眷顾他，这也许反而是命运对他的厚待，以此鞭策他更加努力。

经过这次考试的失利，凌廷堪便进入翁方纲幕府，随翁方纲先后去了江西、河南等地。由于凌廷堪阅历的不断增长，他的交友圈子进一步扩大，先后结识了清代著名的公羊学和礼学家孔广森、史学家和方志专家武虚谷等。与此同时，他对挚友阮元的关切也从没有间断过，他时常回忆自己与阮元相处在平山堂前、文昌阁下、瘦西湖畔、个园院内的情形，两人谈论经史子集，品评琴棋书画，那段时光是如此美好。他在《怀阮大伯元》一诗中写道：

落拓敢希方朔米，相思慵鼓伯牙琴。

别来几度芜城雨，谁与挑灯论古今。

乾隆五十二年八月，凌廷堪辞别翁方纲，带着翁方纲的推荐信前往河南开封参与由巡抚毕沅主持编写的《史籍考》的纂修工作。毕沅，字秋帆，又字梁蘅，自号灵岩山人，出生于镇洋（今江苏太仓）。他聪明好学，文武兼备。乾隆十八年（1753），顺天乡试中举；乾隆二十五年三月，参加会试，擢为一甲第一名。毕沅礼贤下士，当时许多名士都乐意到他府中协助考订经史、编著书稿，他是乾嘉时期最为慷慨的学术赞助人，学者都称他为"学术护法"。毕沅在与凌廷堪进行了一番交谈后，确信翁方纲信中之语所言不虚，果然师出名门，于是对身份微贱的凌廷堪厚礼相待，同意凌廷堪参与《史籍考》的纂修工作。《史籍考》是由清代史学家、思想家章学诚发起编写的一部史学书籍的目录，仿照朱彝尊的《经义考》，对"经史子集"四部中"史"部书作一个源流的探讨。章学诚于当年的冬天抵达开封，毕沅幕府立即因为这位史学巨擘的到来增添了不少学术活力。在章学诚的信件中记载了当时与凌廷堪、洪亮吉、武亿等人探讨史籍编撰问题的情形，并表示了对他们的倚重和信任。次年毕沅离开，赴归德担任文正书院主讲。于是，《史籍考》的实际编撰工作就由凌廷堪和洪亮吉来负责。毕沅去世后，《史籍考》又经过谢启昆、潘锡恩的主持经营，终于完稿，可惜在清末的战火中成为灰烬。

乾隆五十三年（1788），凌廷堪已经三十二岁了，这年他第三次参加在顺天府举行的乡试，终于如愿以偿得中副榜第十名。他的考卷被誉为"别开门径，乃时文家之作"，学人争相一睹为快。后来凌廷堪在紫阳书院讲课时，因前来索取这篇应试佳作的人众多，于是就付梓印刷。按照清代科举考试的规定，一般科举可以分成三个阶段，第一阶段是考"秀才"，名曰"小考"，以县为单位；第二阶段是考"举人"，名曰"乡试"，以省为单位，每三年举行一次，称为"秋闱"，遇皇上或太后万寿、登基、大婚等大庆典，另外开"恩科"一次；第三阶段是考"进士"，名曰"会试"，之后须经过"殿试"，是全国的士子合在一起考试。参加殿试的人数固定为三百六十人。皇上钦定一甲三名，分别为状元、榜眼和探花，"赐进士及第"；二甲约一百名，"赐进士出身"；三甲约二百名，"赐同进士出身"。殿试后，除一甲三名入翰林院外，二甲、三甲还有朝考，待分出等第，再确定授予何种官职。

俗话说运气来时推不开，就在凌廷堪考取副榜的第二年，正值乾隆皇帝的八十寿庆大典，所以朝廷又增开恩科一次，凌廷堪幸运地赶上了在江南举行的恩科乡试，得中第一百零四名举人。次年的春天，他参加了会试，取得第四名，随后参加了在正大光明殿的复试，这一次的应试可谓一路顺畅。他在《会试闻捷作》一诗中写道："自是群公精藻鉴，非关贱子善文章。……忆否黄帝十年梦，短檠风雨读书床。"凌廷堪对自己多年的科举之路很是感慨，而他的结论竟然是运气大于才气，这实在也是对一个读书人的自嘲。

复试完毕之后，凌廷堪又参加了在保和殿举行的殿试，得中第三甲第二十六名，终于圆了他多年的进士梦。这一年是乾隆五十八年（1793），凌廷堪已经三十七岁了。也许真的是上天厚爱凌廷堪，虽然他经历了两次落第，但是比起那些之前中举早已得到一官半职的人来说，他得到的也许更多。他写文章师从翁方纲，目录学师从顺德府知府洪素人，古文经学尊东汉经学家贾逵之说。他还和江藩探讨象纬之学，与焦循讨论数学问题。对文字学、历算、疆域沿革、历史等的广泛涉猎，为他后来所作出的学术成就奠定了重要的基础。在此期间，凌廷堪还开始了他最重要的礼学著作《礼经释例》的写作。乾隆五十七年，凌廷堪趁考试的间歇来到扬州，与学友相聚问学。好友张集堂送来南宋魏了翁的重要著作《仪礼要义》以供参考；焦循将刚完成的《群经宫室图》拿来请凌廷堪看，于是凌廷堪写下了《与焦里堂论路寝书》。从手抄诸经到现在，凌廷堪在经学上的积累已到了呼之欲出的时候了。

按照清廷惯例，参加殿试合格者即可授官。但是为了能侍奉母亲，凌廷堪不愿接受朝廷授职，主动向吏部提出担任教职的要求。同时，他扬鞭打马，回归故里，继续开馆授徒。等到了乾隆六十年，终于得选宁国府教授之职。宁国府，即古宣城，位于安徽省东南部，天目山北麓，东临苏杭，西靠黄山，联结皖浙两省七县市，是皖南山区之咽喉，南北商旅通衢之要冲。宁国最早建制始于东汉建安十三年（208），是江南著名古城。从此，凌廷堪在宁国府开始了教授生涯和真正的治学之路。这年他三十九岁。

三、舍弃仕途走上讲台

在海州板浦场的凌氏宗祠里，供奉着的都是以忠节留名的凌氏祖先。凌廷堪曾祖的弟弟凌润生，跟从凌氏族叔、时任河南巡按的凌骃，在清朝平定河南时殉难。顺治皇帝御批《通鉴辑览》时特别写道：“我大清兵定河南，进去归德，巡按御史凌骃及其从子润生死之。”与此同时，清初著名学者顾炎武《哭杨主事》中提到的“我慕凌御史，仓卒当绝吭”，正是凌廷堪的族人。凌氏宗族还定下规矩，如果只是因为科举和文学出众而闻名于世的族人，不得进入宗祠。可见凌氏家族是何等地崇尚忠孝，而凌廷堪为了尽孝，弃官从教，正说明他继承了凌氏家族的传统。

凌廷堪秉承家风，对母亲的谆谆教诲无时不牢记，甚至对母亲日常的喜怒哀乐都十分留心。他三十三岁那年，家中不幸着火，母亲王夫人被困在卧室，凌廷堪不顾火势猛烈，冲进母亲的房间，将母亲迅速背出房间，可喜的是母子俩均毫发无损。当时在场的人都对这惊险的一幕啧啧称奇，认为这一定是神灵被凌廷堪的孝心所感化，特意保佑他们母子俩平安的。不但如此，平日生活中，凌廷堪对母亲的关怀也是无微不至。母亲一旦露出郁郁寡欢的神情，凌廷堪便会跪在母亲面前，请求母亲放宽胸怀，抛弃烦恼，直到母亲脸上展露出笑容才立身起来。为了能够有更多的时间来侍奉母亲，凌廷堪将母亲和妻子接来宁国府自己的住所一起生活。当时宁国府学署地处荒僻郊野，仅存破屋八九间，古树十来棵，几乎与村舍一样。然而经过凌廷堪的一番小小修葺后，破败的草棚成了既可"承北堂之欢，寄南窗之傲"，也能"即馈粥不继，至足乐也"的所在。可是就在他将全家安顿下来，感到一种莫大的欣慰的时候，却已经错过了母亲王氏八十大寿的日子。凌廷堪一直对自己之前因公事不能脱身，因而未能为母亲庆祝寿辰之事耿耿于怀，如今母亲就在身边，便打算在母亲八十一岁生日时再做庆祝。于是他写信给当时任浙江学政的阮元，请其撰写"寿诗序"来作为补偿。阮元接信后，为挚友的孝心所打动，他在《凌母王太孺人寿诗序》中对凌廷堪的母亲独自抚育凌氏两兄弟的含辛茹苦和鼓励凌廷堪坚持求学的深明大义表达了深深的敬意。

凌廷堪终于实现了以教职养母的愿望，在宁国府上任后，他首先给学生们制订了《杞菊轩功课单》：

第一，月课。

每月初二日初八日十六日廿三日课"四书"文一篇，试帖诗一首。

每月逢五读生"四书"文一篇（熟文若多，不读亦可），试帖诗一首，临小楷数百字。

每月逢十读生古文一篇（如长，分作两三课读），《文选》及唐宋八大家皆可。读古诗律诗各一首，汉魏六朝及唐宋人皆可。临小楷数百字。

第二，日课。

每日早起读生经文一百字（凡未读者，皆陆续补读，必精熟，务须手钞，如不能百字，十字亦可）。随意温熟文数篇，须用心探索，读经不可间断。

早饭后温熟经文二百字，随意或临帖或钞诗古文或札记典故（分门别类，"四书"文及后场应用者尤要紧）或读史数页。

午饭后随意温"四书"数页，有暇即参稽经史，讨论诗文（有疑即须问难）。

灯下随意温熟文数篇，或钞读旧诗文或查考日间所读诗文中故事。

五更醒后默记新知，酝酿就得，此最要紧，功效进益多在此时。

从这份功课单的安排来看，学习任务主要集中在经学、史学和文学三方面，其中特别突出了"四书"的重要性，这显然与当时科举考试从"四书"中出考题有着直接的关系。从这张读书单上看,每天的任务不算多。凌廷堪认为,最难的是持之以恒,如日积月累,积沙成丘,数年之后必然有成。如果一味"贪多务广不能为继,于实际终无益也"。这说明凌廷堪办学方针也较为务实,从某方面说,也是他自己的读书习惯的真实写照。

凌廷堪在学校里教导学生,回到住处还有一个"小不点"也需他启蒙。在凌廷堪来到宁国府的第三年,他的侄孙兆渊前来承欢膝下,年方十岁的兆渊给学舍增添了不少欢乐。于是凌廷堪特意为之开辟书室,名之为"击蒙",取意王弼《周易注》中"蒙"卦第六爻的注释:"处蒙之终,以刚居上,能击去童蒙,以发其昧。"这时的凌廷堪已经俨然成为一个肩负为后生指引前途的教师了。

教书的同时,凌廷堪自己的学问也在突飞猛进。他与清代著名的礼学家、藏书家和校勘学家卢文弨交流研究《仪礼》的心得。卢文弨(1717~1796),字绍弓,一字檠斋,号矶渔,晚号弓父,"抱经"是其堂号,所以世人称其为"抱经先生",浙江余姚人。乾隆十七年(1752)一甲三名进士。曾任侍读学士,充湖南学政时乞养归。主讲江浙书院二十余年,以经术导士。与戴震、段玉裁友善,喜校书,著作等身。此时,卢文弨的新著《仪礼注疏详校》正欲付梓,凌廷堪获读此书,如获至宝,对书中收录的材料之丰富、考校之细致、评价之公允都钦佩至极。卢文弨请小自己四十来岁的凌廷堪为这本新书写序,并认为他是千百人中的不二人选,让凌廷堪深为感动,并备受鼓舞。于是凌廷堪也拿出自己的《礼经释例》初稿，请卢文弨指正。卢文弨一丝不苟，详加审阅之后，称赞凌廷堪对《仪礼》的用功极深，尤其在行文上叹其"诗不落宋元以后，文则在魏晋之间，可以挽近时滑易之弊"。此时，适逢一画师为凌廷堪绘制小像，于是凌廷堪请卢文弨题字"校礼图"，卢文弨以不善书法婉辞，转请著名书法家梁同书代笔。可以说，这幅《校礼图》记载了清朝两代礼学家惺惺相惜的珍贵回忆。

这一时期，凌廷堪除了手不释卷地继续研究礼学，还不断地与其他学者交流学术心得。如拜访清代著名天文学家梅文鼎的后人，增加自己的天文知识；又与反对西方地理勘测之学的孙星衍讨论西学中法的各自所长；还与著名地理学家许云樵切磋交流古代地理的沿革问题。随后，写下了《中星闰月说》《罗睺计都说》《方直仪铭》《立三角仪铭》《读孟子》《书程宾渠算法统宗后》一系列学术文章。其中的《读孟子》一篇，乍看上去像是阐述儒家思想，而其实是利用《孟子》提供的材料讨论天文学的问题。凌廷堪又与桐城派的大文人姚鼐探讨儒学和文学的关系问题，留下"是非原有遗编在，同异何嫌立论殊"的不同结论。他还为清代《礼记》研究的重要著作王聘珍的《大戴礼记解诂》写跋。嘉庆元年（1796），挚友阮元来信，请凌廷堪为他的祖父阮玉堂写《神道碑铭》。阮元的祖父是武进士出身，在武科甲中引人注意。他兼通文武，受赏戴花翎，为三等侍卫，为清廷出征平定各方动乱，被世人称为"儒将"。为这位忠义之士，又是挚友的祖辈作铭文，凌廷堪自然当仁不让。

与此同时，凌廷堪凭借自己锲而不舍的精神，完成了《礼经释例》的第二稿和第三稿。当这部倾注他毕生心血的著作终于初具规模时，他在《〈礼经释例〉稿成有作》诗中写道：

校勘丹黄十余载，今朝欣见稿成初。

漫嫌寂寞青毡冷，慈竹平安好著书。

在梳理这部古代礼学经典的时候，凌廷堪于嘉庆七年，也就是四十六岁那年，完成了几乎所有阐述他礼学观点的重要文章。他仿佛是一夜之间受人点拨，悟到了圣人制礼作乐的真实目的，他说道："向尝谓吾圣人之道，不能外礼而求。由今静思之，真觉确不可易矣。十余年功力，一旦卓然自信，乐不可言。"

随后他写下了《复礼》三篇和《礼后说》《慎独格物说》《好恶说》等文章。他要求门生在读书的时候，凡是看到论述礼的部分，都要摘录下来，反复琢磨，相互印证。他的学生将经典中的礼学部分整理成一卷，诸子、历史和文集中礼学部分整理成一卷，凌廷堪的文章整理成一卷，三卷合并，题名为《约礼编》。有的学者见到凌廷堪的论说后评价说：这些观点乍看上去别开生面，仔细揣摩，其实是还原经典的本义。只是以前的学者都没有发现，而凌廷堪可谓向学者展示了儒学的指南针。时隔一年，凭借早年词曲格律的功底和之后在乐律学上的不断探索，凌廷堪写成了在中国音乐史上重要的理论专著《燕乐考原》六卷，将一个纠缠数百年的音乐问题重新厘清。凌廷堪也因为工作勤奋，被朝廷继续留任为宁国府教授。

嘉庆十年（1805），由于长期不断地看书和写作，凌廷堪的右眼得了白内障。而母亲王氏刚过了九十岁的寿辰便无疾而终了。祸不单行，长兄凌廷尧在同年也离开人世。凌廷堪于母亲辞世当日便卸任教职，按照丧礼仪节，虔诚行事。前来吊唁者有凌廷堪的同仁，有当地有名望的士绅，有凌廷堪的学生，总共达数百人。这时的凌廷堪形销骨立，憔悴异常。他的一只眼睛已经完全失明。可是，上天对他的打击还没有结束，年仅四十二岁的妻子华氏也随即离他而去，没有给他留下一男半女。

在守丧的三年里，凌廷堪深居简出，再也没有兴致写诗了，只是与友人偶尔通信。宁国府知府鲁铨知凌廷堪在史学上颇有造诣，便约请他主修《宁国府志》。《宁国府志》是宁国府最后一部通志，涵盖了宁府六县近三千年的历史。该府志成书于嘉庆二十年（1815），资料截止到嘉庆十三年。该书取材宏富，体例严谨，校勘精良，有着很高的历史价值和学术价值，属于清代所编写的地方志中的精品。凌廷堪知道修志责任重大，但自己才经丧母之痛，又毁一目，实在无力担当，便将主要编撰工作交予洪亮吉，自己只负责撰写"沿革"一章。

到了第三年的春天，凌廷堪服丧已毕，回到原籍安徽歙县，应鲁铨之邀在城南的紫阳书院担任主讲。凌廷堪身处的紫阳书院在中国学术史上的位置很不一般，从其名"紫阳"便知与中国历史上的大思想家和教育家朱熹有关。紫阳书院一共有四所，都是严格秉承朱熹理学传统的儒家传播中心，一所地处漳州东南白云山，一所在苏州学府内，一所在杭州城内的太庙巷，最后一所就是凌廷堪所在的歙县紫阳书院，朱熹的父亲朱松曾在此读书。南宋淳祐六年（1246），由郡守韩补建立，当时理宗皇帝御题"紫阳书院"匾额。紫阳书院以祭祀朱熹、宣扬朱熹的理学思想为主旨。清代，康熙、乾隆两位皇帝先后御题"学达性天"和"道脉薪传"两块匾额，表明朝廷对朱熹理学正统地位的认可，备受清廷器重的理学家姚鼐也曾讲学于此，可见紫阳书院学术地位之高。出身于徽州的江永、戴震、金榜都在此留下足迹，虽然他们都不赞成宋明理学，但在此理学中心，终究难以撼动其近六百年的根基。待到凌廷堪担任主讲之时，同样要面对自己的学术观点和书院的历史传统的选择。凌廷堪想用实学教导乡人，在开讲之日便履行职责，将规章条目张贴在讲堂的右侧，上面写道："某幼而孤贫，流落东海，佣食负米，未尝学问。至于时艺，尤为疏浅。年将三十，始妄为之，皆乡先生所深知者。今忝桑梓讲席，实深恐惧。伏思紫阳书院为一郡英髦所集，昔江慎修、戴东原、金辅之先生皆常诵习于此，流传至今，不乏鸿通之彦。其中兼有耆旧宿学名辈在我之前者。幸得朝夕接校，庶几勉其所未至。倘有议论纰缪，评点失当之处，伏祈面加训诲，不啻百朋之锡矣。除每月初三日课期应请府宪出题，考试阅定外，其十八日课期谨遵功令，窃拟规条于后……"文辞中表达了对忝任讲席的郑重态度，面对群英汇聚、名宿云集的紫阳书院，唯有凭借自己的勤勉努力和诲人不倦才能担得起这一重任。

紫阳书院的青年隽才们对这位年长的学者也早有耳闻，但听了几次凌廷堪的课后，发现这位老师讲授的全是对宋明儒学的质疑和倡导以礼矫弊的观点，不禁一片哗然。学子们在佩服这位"在土地爷面前动土"的师长的胆略的同时，也开始思索凌廷堪所阐述的问题的重要性。而凌廷堪始终没有动摇自己教学的方向，他对自己的学生说："我听说之前在这里担任讲席的方婺如先生，人人都知道他是清代最排斥宋儒的名家毛奇龄的弟子，在徽州享有很高的声望，但是在这里教学时却对宋学之非不着一字，难道是他认为不值得向徽州后辈讲吗?"凌廷堪相信以自己的身体力行和坚持不懈的努力，可以让学生真正感觉到做什么样的学问才是当务之急。他在紫阳书院为了自己的学术理想孤军奋战。此前，在生活中，他接连失去了几乎所有的亲人，眼下已是孑然一身，形影相吊。可回首自幼辛苦，终于还能与书结缘，探知圣人之意，并能得师友提携，写下只字片语，以发己声，甚感欣慰。于是，在经历了人生的巨大打击后，他唯有重新走上讲坛，将他所有的力量用在向乡人传授实学、教化民风上。

然而天不假年，嘉庆十四年（1809）六月初一，凌廷堪在晚餐时不慎跌倒，家仆忙上前将他扶起，只见他已经中风，便服侍他睡下，不想次日凌晨他悄然离开了人世。此时，他的书案上还放着在去世前一年刚完成的《礼经释例》的第五稿。这部凝结了凌廷堪一生心血并对清代礼学思想的转变起到了很大影响的礼学著作，在二十一年前即开始写作，到他生命的最后时刻，仍然被不断地修订和增删，可见他对之用心之深。除此之外，凌廷堪尚未完稿的文章还有《封建尊尊服制考》和《南宋七闰表说》等。

凌廷堪去世后，他的侄子凌嘉锡带着儿子凌名德从海州板浦场前来奔丧。门下弟子共计五十五人为师服丧，前来哀悼者不计其数。第二年的三月，凌廷堪被葬在原籍安徽歙县西梅山，与他的父亲合墓。时任漕运总督的阮元闻此噩耗，亲自前来悼念这位最亲密的友人。他曾将儿子交与这位最信任和最赏识的朋友来教导，未曾想到此时友人却先已一步离开人世，悲恸之情，无以复加。他在悼诗中写道：

> 山海应如旧，斯人世已无。
>
> 因文明礼乐，本孝砺廉隅。
>
> 耐久真成友，成名定作儒。
>
> 那堪三十载，到此式君庐。

这既是阮元对亡友的回忆，也是对亡友学术的盖棺定论。凌廷堪身后没有留下子嗣。回望他的一生，在穷困中成长，几番周折都没有放弃对圣人之道的追求。在宁国府的岁月里，他几乎涉猎了当时学问的所有领域，遍访名家，深入研究。在生命的最后几年，他将半生积累的礼学研究精粹写成文字，昭示后人。

凌廷堪不仅留下了礼学研究的财富，更因为他几次在板浦的开馆授徒，使这一个临海小镇也成了孕育学者的摇篮，除了上文中提及的《镜花缘》的作者李汝珍外，还应提到的有乔氏昆仲（乔绍侨、乔绍傅）以及他们的表弟许乔林、许桂林。特别是许乔林和许桂林被誉为"东海二宝"。许乔林（1775~1852），字贞仲，号石华，是清代中叶海州地区著名的文人、学者与方志家，参与纂修了《嘉庆海州直隶州志》《云台新志》，主编了《海州文献录》《续海州志》《东平州志》《票盐志略》《胸海诗存》等书，洋洋百卷，收罗宏富，条目井然，体例完备，文笔精粹，为海属地区整理、保存了大量政治、经济、文化、教育等方面的文献资料。除了大量志书外，许乔林还著有《球阳琐语》《合榆山房诗略》《合榆山房笔谈》数十卷。时有"江淮学者，争出其门"之说。许桂林（1779～1822），字同叔，号月南，又号月岚，别号栖云野客，是许乔林的胞弟。他十二岁参加童子试考取秀才，被学官称为"奇才"。他终生以教书为生，志于诸经，精于诗词文学，精古算术及天文星算、历算的研究，可谓无所不通。二十二岁时就写出第一部数学论著《宣西通》，对中国算法"宣夜"作了精辟的解释。许桂林一生著作甚丰，除参与编纂《嘉庆海州直隶州志》外，可考书目近四十种、一百六十卷。在许氏兄弟的身上和著作中都可以看到老师凌廷堪的影子。

在礼学研究的谱系中，清代仪礼研究的集大成之作《仪礼正义》的作者胡培翚正是出自凌廷堪门下。胡培翚（1782～1849），字载屏，号竹村，又号紫蒙，安徽绩溪人。绩溪胡氏自明以来，世传经学。胡培翚幼承家学，治经一循家法，于《礼经》见解独深。他与其祖胡匡衷、叔父胡秉虔皆长于《三礼》，史称"三胡礼学"或"绩溪礼学三胡"，后师从汪莱与凌廷堪，遂成为一代徽派朴学大师。据《清史稿》记载，胡培翚"居官勤而处事密，时人称其治官如治经，一字不肯放过。绝不受财贿，而抉隐指弊，胥吏咸惮之"。胡培翚积四十余年之力撰写《仪礼正义》一书，晚年中风瘫痪仍坚持不辍，可惜书未竟而身先卒，后该书由其弟子杨大堉整理成书。全书包罗古今，兼列众本之异同，发挥徽派朴学的治学之长，精核博综，一时人称绝学。

　　凌廷堪在清代的学术史上算不上"声名显赫"，不仅因为他未受官爵，而且仅得中寿。相比之下，他的挚友阮元的身后声誉则要显耀得多了，然而从阮元对凌廷堪学术上的推崇来看，凌廷堪在当时无疑是一位非常有影响的儒家学者。

第 2 章

挑 战 正 统

在中国最早的文字甲骨文中，"史"字的构成是一只手托着一个"中"字，其寓意非常清楚，就是公正地记录下发生的所有事情，不带有任何偏私。"史"不仅可以解释为"历史"，在古代也是一个官名，这位官员最主要的职责就是记录统治者的言行。一个优秀的史官是不会因被书写对象的身份地位的不同而采用不同的评价标准的，只有这样，其记录下的文字才能流传千古。朝廷有自己的编史者，在野的知识分子同样可以成为史家，写出为人称道的历史作品。但无论是在朝还是在野的作史者，有一点是相同的，即他们随时都要衡量自己是否做到了"史"字里的那个"中"。凌廷堪对于中国的历史十分熟悉，他善于抛开原有的成见，在历史记载中的偏颇和矛盾处发现真相，特别是对历史上的所谓"正统"问题提出不同于常人的见解，展现了他敢于挑战"正统"的历史观。

一、实事求是论史事

凌廷堪从读书开始就酷爱读史。当时的人评价他说：能够涉猎各种历史书籍，对于历史掌故了如指掌，与学友谈论史事滔滔不绝，即使谈到常被人所忽略的史实，他也能洞察细微，尤其是对历史的发展和历代史家的各类评论有着与众不同的看法。在他看来，历史上曾经发生过的事件，作为史家的职责就是根据事实把它记录下来，然后才能作出自己的评判。凌廷堪最痛恨的就是史家出于某种个人的喜好，对事实妄加褒贬。由于史书是要流传给后世的人看的，不恰当的评判会直接影响到后来的人对某一历史事件的正确看法。

我们知道，儒家经典中的《春秋》一书，是中国历史上鲁国的编年史，记载了从鲁隐公元年（前722）到鲁哀公十四年（前481）的历史，后来经过了孔子的修订，是中国现存最早的一部编年体史书。在中国上古时期，春季和秋季是诸侯朝聘王室的时节。另外，"春秋"在古代也代表一年四季。而史书记载的都是一年四季中发生的大事，因此"春秋"就成了史书的统称。《春秋》最初原文仅一万八千多字，现存版本则只有一万六千多字。在语言上极为精练，遣词井然有序。然而，就因为文字过于简质，后人不易理解，所以对书中的记载进行解释和说明的"传"相继出现。其中左丘明的《春秋左氏传》，公羊高的《春秋公羊传》，穀梁喜的《春秋穀梁传》合称"春秋三传"，也被列入儒家经典。按照儒家的观点，孔子编写《春秋》其中最主要的用意就是警戒那些乱臣贼子不可有觊觎王权的僭越之心。如司马迁在《史记·孔子世家》中说："孔子为《春秋》，笔则笔，削则削，子夏之徒不能赞一辞。"这说明孔子是根据历史事件的性质、情形和结果而选用不同的字词来表达对该事件的评价的，这也是我们通常所说的"春秋笔法"。这里不妨举一个大家都很熟悉的例子，来领略一下所谓的"春秋笔法"。《春秋》记载：

> 隐公元年，郑伯克段于鄢。

《左传》对《春秋》这句经文隐含的褒贬用意的解释是：

> 书曰："郑伯克段于鄢。"段不弟，故不言弟。如二君，故曰克。称郑伯，讥失教也。谓之郑志，不言出奔，难之也。

这件事的原委是这样的，鲁隐公元年（前722），郑国国君的弟弟共叔段图谋夺取他哥哥郑庄公的君位，庄公发现了段的不轨企图后，便施巧计，采取欲擒故纵的手段，诱使共叔段得寸进尺，肆意妄为，愈加骄横，最终使其陷入设下的圈套，并在一个称之为鄢的地方，使用武力打败了共叔段，迫使他仓皇出逃。通过《左传》的解释，我们可以体会到《春秋》的褒贬是非常明确的。共叔段是郑伯的胞弟，但在行文中没有写出，为的是指责段对兄长的无礼；用"克"这个记录两国君主交战的字来形容两人的交战，是对他们兄弟相残的挞伐；用"郑伯"而不称国君，是讥讽郑庄公没有为国民树立好的榜样；在这种情况下段被打败后应该写他"出奔"，但此处没有明写，也就是暗寓着责难他的意思。这样撰写历史的方法就叫"春秋笔法"。

　　按照"春秋笔法"这个写史的标准，任何人只要作出与自己身份不符合的举动，都将在史书上遭到严苛的批评甚至是定罪。所以《春秋》一书也就成为历代史家借来臧否历史人物、表达己见的媒介。对于这种上古流传下来的历史写作方法，凌廷堪在《汉顺帝论》一文中表达了自己的看法。他认为《春秋》在褒贬历史人物的同时是有写作原则的，这个原则就是"为贤者讳"。如《春秋公羊传》就解释成"为尊者讳，为亲者讳，为贤者讳"，意思是说对于尊者、亲人和贤者的恶事、丑事，应该站在道义的立场上"隐恶扬善"。其实，所谓"隐恶扬善"，也就是对史实作有意识的加工和处理。比如，范晔编写的《后汉书》对汉顺帝的记述就是贬损居多，认为汉顺帝不能自砺，不敢改革，而是倚重宦官与外戚，所以对他严加苛责。史载，汉安帝死后，阎皇后没有儿子，于是先废除了安帝的独生子济阴王刘保，然后找了个幼儿刘懿来做皇帝，想自己垂帘听政，掌握朝政大权。刘懿做了七个月的皇帝就死了，宦官曹腾、孙程等十九人便发动宫廷政变，赶走了阎太后，将时年十岁的刘保拥立为帝（汉顺帝），改元"永建"。随之，参与拥立刘保的宦官全部得以加赏封侯。由于汉顺帝的皇位是靠宦官得来的，加之年幼且性格温和而软弱，所以朝政大权也就交给了宦官。后来宦官们又与外戚梁氏勾结，开始了长达二十多年的梁氏专权。

　　对于范晔对汉顺帝的评价，凌廷堪十分不满。他认为在中国历史上，汉顺帝也算得上是一个有作为的皇帝。他做皇帝时，还只是一个刚满十岁的稚童，当时文公武将济济一堂，他从谏如流，赏罚分明，尊崇儒术，在位二十年，俨然有中兴之象，绝不像范晔写的如此昏庸无道。令人不解的是，范晔对汉武帝任用皇后的弟弟田蚡，东汉章帝任用皇后的哥哥窦宪，这同样的重用外戚的史实却不加贬责，其实是为这两位在历史上素称有作为的皇帝"讳"。由此，凌廷堪指责范晔是"无是非之心，拂好恶之性也"。可见，凌廷堪在这里明显地将《春秋》和作史区别开来考虑。在他看来，《春秋》不是严格意义上的史书，作史者可以参考《春秋》的义例，但是下判断的时候不要忘记了《春秋》的评判是慎之又慎的，而后人只知道以自己的认识下结论，而抛弃了《春秋》评判谨慎的原则。

正是基于《春秋》"隐恶扬善"的原则，凌廷堪对北宋历史学家欧阳修按照《春秋》之例所作的五代史也提出了异议。欧阳修是北宋时期的政治家、文学家，唐宋古文八大家之一。他所编写的《五代史》之所以后来被称为《新五代史》，是为了与北宋初年薛居正所作的《五代史》相区别，人们习惯上称后者为《旧五代史》。虽然欧阳修在史料上基本采用薛书，但是书中提出的"正名定分，求情责实"的原则却为后世很多史家称道。

然而在凌廷堪看来，欧阳修虽然拟定了严密的义例，但是他并没有按照自己制定的原则来编写历史人物，如对后梁短命皇帝朱温的处理就是一例。朱温早先参加黄巢起义，后出卖起义军，投降唐朝，被唐昭宗赐名"全忠"，封为梁王，成为唐朝的封疆大吏。后来他杀死唐昭帝，又废唐哀帝自立，建立后梁，于公元907年称帝，共在位六年。综观中国历史上的各朝各代，没有一个皇帝像朱温那样，建立王朝后没几年就毁在自己手里，原因竟是"爬灰"。朱温好色，有几十个老婆还不满足，连宫女也不肯放过，最后统统糟蹋了一遍。更荒唐的是，朱温又看上了两个儿媳妇，每次出兵打仗时，他同两个儿媳一起坐在大车上检阅军容，左拥右抱，唯恐天下不知。他跟士兵训话后，士兵们都交头接耳地说："看，皇帝又带着儿媳妇出来了。"朱温最终被他的亲生儿子朱友珪杀死，当然也是罪有应得。对于这样一个不知廉耻的皇帝，欧阳修在《五代史》中将他列入"本纪"，也就是按照皇帝的身份来定位，然而朱友珪的行径与他父亲的所作所为相仿，他弑父后自立为帝，却被欧阳修归属到"家人传"中，也就是降为大臣的身份，如此的前后矛盾，实在令人不敢苟同。

凌廷堪指出，朱温政权"肆虐社稷，绝灭三纲"，本来就不值得大书特书，只因为他在历史上曾经做过皇帝便将他写入"本纪"而位列帝的级别，不能不令人产生疑惑。然而，欧阳修之所以为后梁正名，并不是要为朱温正名，真正的原因是他考虑到后梁与北宋的渊源关系。我们知道北宋政权是篡位后周而建立的，后周上承后梁，从谱系上讲后梁是北宋的"祖父"，如果欧阳修不将后梁朱温列为"帝"，又怎么能凸显出北宋王朝的正统性呢？所以，凌廷堪认为，不按照史书的义例去写史，而是怀着某种特殊的目的去篡改历史，这样编出来的史书势必难圆其说，从而也就失去了它的公正性。

由此可见，凌廷堪认为编写史书首先考虑的应是史实，只要是历史上发生过的事，就算已经被盖棺定论，只要它偏离历史事实，都应该给予重新定位。如在《书宋史史浩传后》一文中，凌廷堪公然为秦桧、史浩翻案。秦桧与史浩历来都被认为是南宋劣迹昭著的投降派代表，人们对他俩无不恨之入骨。蒲松龄编写的《聊斋志异》就记载了这样一个小故事，说当时青州有一个姓冯的中堂家杀了一头猪，剔去了皮毛之后，只见肉上写有"秦桧七世身"五字，厨子没有理会，准备把这猪肉煮了吃，不料其肉恶臭，根本不能食用，最后只能全部用来喂了狗。可见秦桧在人们心目中就连猪狗都不如。然而凌廷堪却为之辩护，他认为秦桧和史浩在当时之所以不赞成对金用兵，那是由当时特定的历史现状所决定的，如果不综合考虑对金用兵所产生的后果，就认为主张议和罢兵的人物一定是奸臣或者无骨气，这种历史认识是十分肤浅的。

在《书元史陈祖仁传后》一文中，凌廷堪甚至为元朝统治者没能重用扩廓帖木儿而让明太祖朱元璋坐拥天下而感到遗憾。可见他完全是站在历史的角度考虑问题、评判人物的，而不是按照人们通常惯用的"以成败论英雄"的标准来审视历史人物，因为一旦基调定下来，英雄只会越来越英武，败者只会越来越不堪，没有人会再去重新审视当时究竟发生了什么事。

凌廷堪还写了《十六国名臣序赞》，为那些历史上所谓的僭盗或者割据者唱赞歌，还他们在历史上的本来面目。他说翻开十六国的历史，映入眼帘的都是些臣子尽忠竭义的事迹，他们所立下的丰功伟绩，与历史上任何一个朝代的开国元勋相比都毫不逊色，只是由于他们生不逢时，又都被视为夷狄，所以一再遭到持有正统观念的史学家的歧视和贬损。相比之下，与十六国同时的西晋政权仅仅占有中原的四州辖地，先后也只有四个皇帝，从建国到亡国，也只有短短的五十余年，但是在唐代编写的《晋书》中，描述西晋历史的比重是北方延续一百三十多年的十六国历史的七倍，其原因就是西晋占有了中原的正统地位，真是"扬之则腾九天，抑之则入九渊"，出于一己之私削抹史实。凌廷堪感慨道："夫尼父之作《春秋》，亦书荆楚；左氏之撰《国语》，不遗吴越。地虽居于僻陋，事无妨于阐扬。"这几句话的意思是说，当初孔子作《春秋》，仍然保留了荆楚之地的历史；左丘明作《国语》，也收录了吴越地方的情况，并不因为它们所处的地理位置偏僻，或是蛮夷之地而区别对待，该得到发扬光大的仍把它记录下来。可是后来的人就不了解这一点，他们出于私念来编写史书，从而使人无法知道历史的真相。

二、秉笔直书循史法

正是出于对历史真相的追求，凌廷堪对于史法也十分重视。他认为编写史书的人，职责就是遵守和传承先贤为编写历史定下的规则。西汉司马迁所作《史记》是我国历史上第一部纪传体史书，许多史法都是由这部书创立的。其中的"酷吏列传"与"循吏列传"并列，两者都是描写官吏作风的专论，前者主要记载贯彻韩非的法家思想的官吏事迹，后者则是崇尚黄老之学的官吏的事迹。后来编写正史的人大都沿着司马迁的路子来描写某一朝代的官吏作风，成为一种史法。提起酷吏，现代人无不厌恶痛恨，连老百姓都咬牙切齿。多数知识分子则会联想起《老残游记》中所描写的玉贤与刚弼两位酷吏的形象：办案不谨，严刑逼供，自视极高，领导无方，不近人情，盛气凌人，生性好杀等等。对古代酷吏的这种认识固然不算全错，却模糊了"酷吏"的焦点，而且这种模糊导致其中错误的部分占据了主导的地位。

凌廷堪在读了唐代文学家权德舆的《酷吏传议》后，指出"酷吏"的概念已被后来的人完全搞错了，而搞错的很大原因是编写史书的作者没有很好地继承司马迁的史法。他认为酷吏的"酷"字，本来不是严酷和残暴的意思，而是不畏强权、威武刚毅的意思。在京都贵族显达汇集的地方，如果没有这些酷吏，那么人人都可以凭借显赫的身份地位徇私舞弊，法律纲纪形同虚设，社会秩序势必无法维持。唐代以前，正史上所记载的酷吏的事迹可圈可点，他们严格执法、严惩罪恶的形象是优秀官吏的代表。如汉代所谓的酷吏就有两大共同特点，一是不谋私利，高度廉洁。如汉武帝时的张汤，他一生权势极盛，但他死后，家产所值不超过五百金，并且都是得于皇上的赏赐；其属官尹齐，死后家产所值也不过五十金；汉武帝时的赵禹家无食客，为了断绝官场应酬，别的高官造访，他都不依礼回访；东汉光武帝时的董宣死的时候，"唯见布被覆尸，妻子对哭，有大麦数斛、敝车一乘"。酷吏的第二个特点是不畏豪强，执法从严。汉景帝时的郅都行法不避贵戚，列侯宗室见之，都侧目而视，称他为"苍鹰"。当时济南有个多达三百余家的豪族，横行不法，无人能制，郅都一到，立即将首恶抓来处死。他还依法处理皇太后的外孙，即使得罪皇太后也在所不惜，此举令皇帝对他十分佩服。汉景帝时还有一个酷吏周阳由，他在当地方官的时候，一心要除灭当地豪强，而且桀骜不驯，对同事和上司都不买账。

然而到了宋代宋祁编写《新唐书》时，"酷吏"被偷换了概念，变成专门用来记录武则天时代的索元礼、来俊臣等以酷刑折磨犯人的官吏的文章了，于是以后的人都以为"酷吏"是指善用刑罚达到目的的阴险小人。如《新唐书》记载，来俊臣每一次审讯囚犯，不论轻重，多以醋灌鼻，或将囚犯置于瓮中，用火环绕烧炙，或以铁圈束首而加楔，以致脑裂髓出，种种酷刑，备极苦毒。他在审讯囚犯时，又一定会先出示刑具，使囚犯畏惧，往往自诬，造成无数冤假错案。武则天曾在洛阳丽景门置推事院，由来俊臣主持，凡入此门者，百不存一，因此人称其门为"例竟门"。当时朝廷上人人自危，相见莫敢交谈；官员入朝，常遭到秘密逮捕，因此每天官员上朝等于是与家人诀别，可能永远都不能再见面。来俊臣前后使千余大臣家破人亡，蒙冤而死者不计其数，而他自己两次犯下赃罪，对他的种种不法，武则天都极力加以庇护。万岁通天元年（696），来俊臣迁升洛阳令、司农少卿。第二年，因得罪武氏诸王及太平公主而被杀。仇家闻讯，都争相前来吃来俊臣的肉，须臾而尽。士民更是无不称快，相贺于路，都说："自今眠者背始贴席矣!"《酷吏》演变成罗列"残酷官吏"的劣迹的所在，难怪凌廷堪慨叹"自宋以来史法渐失，酷吏亦一端也"。

宋人不但修史背离史法，还由于道学十分兴盛，直接影响到了史学家的编史。清代《四库全书》修纂馆臣对《宋史》的评价是"大旨以表彰道学为宗，余事皆不甚措意"。历史学家钱大昕也说"《宋史》最推崇道学，而尤以朱元晦（熹）为宗"。《宋史》中创立的"道学传"就是最好的说明。我们知道从《史记》开始，每一部正史中都专门辟有"儒林传"，用来介绍当时著名学者的生平和学问，无论学者研究的是什么，只要其服膺儒家，学有所长，都记录在案。宋史除了"儒林传"外又设"道学传"，旨在表彰程朱理学。然而不但在"道学传"里程朱理学是主角，而且整部《宋史》都成了贯彻程朱理学的产物。道学最热衷于讨论儒学中的君子、小人、义利等话题。如北宋的欧阳修就说过，君子与君子，是以相同的理想而结成的朋党；小人与小人，是以暂时利益一致而结成的朋党。但是小人没有朋党，只有君子才有。这是什么缘故呢？因为小人所喜的是利禄，所贪的是货财，当他们利益一致的时候，可以暂时互相勾结而为朋党，然而等到他们见利而各自争先，或者到了无利可图而交情日益疏远的时候，甚至会反过来互相残害，那个时候就连兄弟亲戚的血缘关系也顾不得了，所以说小人无朋党，即使暂时结为朋党，也是虚假的。君子就不是这样。他们所依据的是道义，所奉行的是忠信，所爱惜的是名誉和节操，用这些来陶冶品德，则彼此目标相同又能够互相取长补短。他们一起为国家效力，则能够同舟共济，始终如一，这就是君子的朋党。所以做君王的，只应该废退小人虚假的朋党，而任用君子真正的朋党，只有这样，天下才能大治。

欧阳修曾举例说，尧的时候，小人共工、驩兜等四人为一朋党，君子则有八元和八恺共十六人为一朋党。舜辅佐尧，废退四凶小人的朋党，进用八元八恺君子的朋党，于是尧的天下得以大治。等到舜自己做了天子，皋陶、夔、后稷、契等二十二人并列于朝廷之上，彼此递相称美，互相推举谦让，为一朋党，舜一一任用他们，天下也得以大治。可见认清君子和小人对于治理国家是多么重要。凌廷堪对欧阳修的这种解释，很不以为然。他认为"所谓君子、小人者，皆朋党之说为之也"。君子小人之说好比贴标签一样，一旦被定位为君子或者小人，也就与朋党脱不了干系。比如，北宋嘉祐以前，与范仲淹一党的是君子，与吕文靖一党的是小人；以后主张变法的是小人，反对变法的是君子。南宋隆兴以前，反对和议的是君子，主张和议的是小人；庆元以后，拥护道学的是君子，攻击道学的是小人。凌廷堪在《读宋史》中认为，如果有识之士都带着朋党的先入之见来编写这段历史，结果肯定失大于得。正因为北宋、南宋以这样的标准来取舍人才，最后危及国家社稷，江山拱手让与他人。那么以此类推，其他的以朋党为主题的论说也必将歪曲历史的真相。

三、没有华夷之别的正统观

对于凌廷堪的历史观，他的挚友阮元曾经有这样的评价："读史魏金进，论统晋宋削。"这两句话的前一句，说的是凌廷堪对编写史书的态度，即重视像西魏、金朝等少数民族在中国历史上曾经建立过的政权；后一句话说的是凌廷堪对于历史上所谓"正统"观念的看法。在凌廷堪看来，两晋和两宋虽然都是历史上的正统王朝，但是与两晋同时的十六国和与两宋对峙的金朝，无论是在政绩、疆域，还是在历史跨度上，都可以与晋宋媲美，不应该都被剔除于"正统"的视野，而论史者却总是以一正一伪来加以褒贬。显而易见，凌廷堪在这里实际上是提出一个如何对待自古以来中国历史观中的一个重要问题——"正统"论。那么我们先来看看什么是"正统"。

正统，它是编写中国历史绕不开的一个坐标。"正统"一词，原是指天子颁布历法。在中国古代，制定历法，都是由官方垄断的，民间不可私行制定。历法关系到农事活动，人民根据官颁的历法从事一年的春播秋种。《汉书·律历志》就有"三统""三正"的记载。夏商周三代之时，历法修明，王颁布政令于天下，每年将时历下达诸侯，诸侯们尊奉不违，这个时候都尊天子为正统。后来，因为王室衰落，天下纷争，诸侯各有历法，不再理会天子的正统地位。可见历法不仅因为其实用性而重要，更要紧的是它事关一个国家的政权稳固。

编写一本编年体的历史书，首要的任务就是确立正统，这样才能以事系年，分清主宾。所以正统的意思与编年史书息息相关。编年其实已经在立"统"了。正统的观念始于中国的先秦。《春秋》一书开首就写下"春王正月"四字，《公羊传》对这句话作了这样的解释："何言乎王正月？大一统也。"《公羊传》的行文方式是通过一问一答来解释《春秋》经文的，所以对《春秋》的第一句就问道：为什么要说"王正月"？回答是"大一统"，也就是说王者一旦掌握政权，布教施政的首要工作就是重建正朔，表明一个新的合法（正统）的政权开始。《公羊传》还进一步解释"大一统"包含"通三统"，说历史上兴亡更替是按照"黑"（夏朝，其德为忠）、"白"（商朝，其德为敬）、"赤"（周朝，其德为文）"三统"而进行循环的，所以秦代继承周朝，尚黑，尊忠德。概括地说，正统具体表现在三方面：第一，朝必于正月，贵首时也；第二，居必于中国，内诸夏而外夷敌也；第三，衣必纯统色，示服色之改易也。这样才可以说是一统于天下。此后历代王朝开国皇帝往往在夺取政权之初，便诉诸正统，以获取合法统治地位。反之，则称为伪统。

在中国历史上，正统伪统之辨，始于陈寿编撰的《三国志》。陈寿以曹魏为正统，以刘蜀为伪统。《旧唐书》更将吴、蜀列入伪史之列，而东晋史学家习凿齿则认为刘蜀为正统。此后历代史家争论不休，然而终无定论。其实陈寿生在西晋，遂以占领旧都城的曹魏为正统；而习凿齿生于东晋，遂以刘备的皇叔血统为正统。两者都是不能互换的，否则只能自沦为僭权。之后北宋的司马光以魏为正统，朱熹以蜀为正统，也同样是因为一生于北宋，一生于南宋，朝代更替有所授受。梁启超曾指出："自古正统之争，莫多于蜀魏问题。主都邑者以魏为真人，主血胤者以蜀为宗子，而其议论之变迁，恒缘当时之境遇。陈寿主魏，习凿齿主蜀。寿生西晋，而凿齿生东晋也。西晋踞旧都，而上有所受，苟不主都邑说，则晋为僭矣，故寿之正魏，凡以正晋也。凿齿时，则晋既南渡，苟不主血胤说，而仍沿都邑，则刘、石、符、姚正，而晋为僭矣。凿齿之正蜀，凡亦以正晋也。其后温主魏，而朱子主蜀。温公生北宋，而朱子生南宋也。宋之篡周宅汴，与晋之篡魏宅许者同源。温公之主都邑说也，正魏也，凡以正宋也。南渡之宋与江东之晋同病。朱子之主血胤说也，正蜀也，凡亦以正宋也。盖未有非为时君计者也。"可见，正统之辨，关键还在于嫡传与直接继承者之间的争执。

然而，在北宋以前，只有实际的正统之争，并没有理论上的建树。而到了宋代，正统论兴起，表达了史家强烈的政治关怀和经世导向。他们要通过重新探讨"天理"和"王道"来为自己的时代规划治理国家的方向。当理学成为知识分子共同求索的道路时，人的命运不再是任由"天命"左右，而是需要诉诸人自己内心中的"秉彝"，也就是道德的完善直接影响到历史的进程。北宋建立后，按照"五德终始说"推定德运，始定火德，以继承后周。但在不久后的雍熙元年（984）、大中祥符三年（1010）和天禧四年（1020）连续三次发生了对宋之德运的大辩论，很多人主张应该跳过五代，直接唐统。面对这种混乱而且可能永远无法取得一致的局面，欧阳修直指"五德终始说"本身。他在《原正统论》中认为，汉代以后，儒生们都没有明白《春秋》中正统的真正含义，为了抬高汉代的地位，贬低秦朝的地位，借来秦代阴阳家不怎么高明的说法，制作成"三统五运说"。然而，汉代得天下不是宿命，而是其本身至公大义，根本不需要用妖鬼来印证，更不需要凭借汉代以"火德"所以有天下的愚昧说法。同样的，我们之前说过后梁取代唐，与魏晋取代东汉是同一个模式，为什么魏晋得到正统地位，而后梁却成了伪政权呢？有人会说，因为后唐继续存在的关系。那么事实是，后唐开始与后梁是世仇，到了后梁灭唐后，后唐是借唐的名义行讨伐后梁之实，以为这样就有了正当的理由。为了自己的正统性，上溯的朝代中被取代者必须也是正统，而与之对峙者就必须是伪统，这样的话，便不能对同样的政权更替一视同仁，正统成了任人打扮的姑娘。

这里不妨提一下"五德终始说"。《尚书·洪范》中写道："五行：一曰水，二曰火，三曰木，四曰金，五曰土。"古人认为，宇宙万物就是由这五种基本物质构成的。五行的"行"字，有"运行"的意思，所以五行包含着一个非常重要的观念，就是变动运转，也就是"相生"和"相克"。这里要注意的是五行不是物质本身，而是这五种物质的性质，所谓"水润下、火炎上、木曲直、金从革、土稼穑"。五行对应到空间便有了"东西南北中"，对应到时间便有了"五季"，对应到人体便有了"五脏"，五行将天地间各领域的事物都纳入一个体系中，并规定了相互之间的关系。当五行运用到历史中时，便有了以阴阳家邹衍为代表的"五德终始说"，以五德来解释历史上的更替运动。"五德"指的是五行的属性，即土德、木德、金德、水德、火德。按阴阳家的说法，宇宙万物与五行对应，各具其德，而天道的运行，人世的变迁，王朝的更替等等，无不顺应"五德转移"。反过来说，只有受天命的王者才能进入这个循环，取得合法的继承权，号为"天子"。天子诏书的第一句话便是"奉天承运"，其中"运"就是指"德运"。这样的观念一直伴随着中国古代的历代王朝。所以，欧阳修认为用"五德终始说"来论定正统，实在是一种"昧者之论"和"因人之论"。

清代是女真建立的王朝，按照正统论的说法，女真是属于夷狄蛮戎一类的异族。为了表示自己是正统的合法政权，清代统治者在历代帝王庙中除了祭祀三皇、五帝、夏禹、商汤、周文王、周武王、汉高祖、东汉光武帝、隋高祖、唐高祖、唐太宗、元世祖外，顺治帝增祀了辽太祖、金太祖等少数民族的帝王，为本民族以异族身份入主中原铺平道路。康熙帝的时候，基本上不受正统论的影响，入庙受祀的帝王人数达到了一百四十三位。到了乾隆帝，他对正统又提出了新的主张，明确提出"一统帝系"，即历史上的政权交接，以其所占疆域为标准。如南宋在临安城被攻破时亡，由元代之；元朝在放弃中原北迁沙漠之时亡，由明代之；明朝在福王南迁即位之时亡，由清代之。按照这样的"一统帝系"，凡是在历史上曾经建立过政权的帝王都有资格享受到祭祀的待遇。基于这种看法，乾隆皇帝对历史上的北朝的后魏政权特别关注。他认为北魏辖地广大，国力强盛，道武和太武两位鲜卑族的皇帝为了笼络汉士族和汉民众，建立了户籍制度，奖励清廉，严禁贪污，对自己的近亲所犯的罪行也不姑息。西魏的宇文泰还积极进行政治改革，实施扶弱强兵的政策，比起东魏的情况显然要好些。这样的君主应该进入历代帝王庙受到祀享。

历史上西魏政权的渊源是这样的：公元534年，北魏孝武帝元脩被大臣高欢胁迫逃出洛阳，投奔关中将领宇文泰。高欢立元善见为帝，即魏孝静帝，自此，北魏分为东西两国，为高氏和宇文氏两大势力所控制。次年，宇文泰杀孝武帝，立元宝炬为帝，建都长安，史称西魏，所辖政区即今河南洛阳以西的原北魏领土及益州、襄阳等地。公元 557 年，宇文泰之子宇文觉取元宝炬而代之，西魏结束，历经三帝，共二十二年。由于西魏政权短暂，一般都被史家排斥在正统之外，不被列入正史。比如魏收编撰《魏书》时，因自己曾在北齐做过官，而北齐是从东魏而来的，所以魏收即以北齐继东魏为正统，视西魏为伪统。隋文帝有鉴于《魏书》存在很多问题，于是请魏澹与颜之推主持编撰《后魏书》，以西魏为正统，东魏为伪统。其中从道武帝至恭帝共撰十二篇本纪，并将《魏书》中隐晦的道武帝、太武帝、献文帝等人生死的历史真相都一一揭示出来。到了隋炀帝时，《后魏书》再次改写，然而因为主持编史的杨素病死，修订中断。关于这段历史，此后虽然有唐初张太素的《后魏书》、裴安时的《元魏书》、卢彦卿的《后魏纪》、元行冲的《后魏国典》等，但都已失传，流传下来的只有魏收的《魏书》。

就是在这样的历史背景下，一部名为《西魏书》的史书在清代问世了，再一次将西魏政权的正统性提了出来。现在一般认为该书的作者是谢启昆，但真正的作者并不是他，而是一个长期追随在谢启昆幕下叫作胡虔的人代为编写的。说到谢启昆，他与凌廷堪的交情不浅。凌廷堪在第二次落第后，跟随恩师翁方纲去往江西，在途经扬州时结识了谢启昆。他与凌廷堪一见如故，成为忘年之交。谢启昆（1737~1802），字蕴山，号苏潭，江西南康人，曾任镇江、扬州知府。他为人风雅，在江南颇有号召力。他的丰富藏书给正在写作《礼经释例》的凌廷堪送去了雪中之炭，所以两人来往频繁。从凌廷堪留下的文字来看，《西魏书》草创之际，凌廷堪已与谢启昆交换过意见了。

《西魏书》共二十四卷，纪一、考五、表四、传十三、载记一。虽然规模不大，但其眉目清晰，引征书目多达千种，且对材料进行了甄别，标注出处，实属上乘之作。从内容上看，它将西魏政权作为历史上一个合法的王朝来书写，得到诸多学者的赞赏。焦循著《西魏书论》，认为承认西魏政权，并不是说它当时能够统辖南面的梁、陈，就像《春秋》是鲁国的史书，但当时周王朝还在。钱大昕也赞赏《西魏书》的史料价值，称其为"不独为前哲补亡，而将相、大臣、征伐诸表，精覈贯串，又补前史所未备"。

凌廷堪作《西魏书后序》，对《西魏书》给予了很高的评价，称其为"发古人未发之公，抉前史未抉之隐"。具体说有六点功绩，分别是补阙、存统、正名、搜轶、严界、辩诬，以此将西魏的正统性凸现出来。在这篇文章中，凌廷堪同时也表达了他对于正统的看法。在他看来，一个王朝是否正统主要看它在历史上到底做了什么，强者征服弱者，统一中原，建立王朝，励精图治，就可以在历史上占一席之地。他认为从司马迁的《史记》和班固的《汉书》以来，历史类作品层出不穷。但是到了宋代，史法渐渐不再得到重视。讲究文辞的人，写出来的东西内容空洞；寄寓褒贬的人，却钻在正统和僭伪的胡同里走不出来。每个人都自诩为治史之良才，但真正优秀的历史作品却十分罕见。

同样，凌廷堪以自己独特的正统眼光对金朝的历史也提出了看法。他在《金衍庆宫功臣赞》中指出，宋代本身是一个比较弱的王朝，面对北面崛起的金朝不但不知道要固守边疆，反而频频在边境与金朝纠缠，招来兵祸，最后因不敌强国而只能委屈图存。后来人们谈到这段历史的时候，总以为是宋朝求和所以贻误战机，以至于金人得寸进尺。然而历史上的金朝，不但将领各个骁勇善战，而且又有宗翰、宗望两位能臣，内能治国，外能谋敌，宋朝再怎么抵抗，也不是他们的对手。但是奇怪的是，金宋最后却以议和告终。金朝天会六年（1128），金太宗完颜晟下诏讨伐宋康王，河北诸将想将陕西的兵力调拨合力南伐，大将完颜宗翰认为不妥，还是应该先攻下陕西，定陕关五路，再取宋。金太宗没有采纳，指挥大军继续南下。但是军队虽然渡过长江，攻占了南京、杭州，却因为没有控制长江上游地区，只能放弃已得的州县北归，而且以后都没能再次渡江。以当时的兵力，金朝完全可以灭南宋，最后却以议和告终，其中的原因，史家都解释为"天不绝宋"。凌廷堪在《书金史太宗纪后》一文中，提出了这是金朝统治者用兵步骤不善造成的遗憾的观点。他认为带兵打仗就像治丝和振裘一样，要从端到末，从领子到袖口，而不是相反，所以金兵应该按照宗翰的计策，先进入蜀地，取得上游优势，再向下游的吴越之地进发，这样的话不出五年就可得天下。一个熟悉了凭吊宋朝，扼腕中原土地沦落异族之手的历史论调的人，对于凌廷堪如此长金朝志气，视宋朝之亡国为预料之中的态度，一定会陷入沉思，但回味凌廷堪的推理，确实是建立在对历史公正的评价上的。

对于金代历史的偏爱是凌廷堪史论的重要特色之一，这里还是要提到他在二十五岁便开始编撰的《元遗山年谱》。"年谱"这个体例，一般都认为始于唐宋，而唐代的年谱已经不可考，现在能够见到的年谱都是宋人编的，其中以吕大防编的《杜工部年谱》和《韩吏部文公集年谱》为最早。当初年谱之作是为了更好地解读诗文内涵，吕大防曾在《韩吏部文公集年谱》卷一的"识语"中说："予苦韩文杜诗之多误，既雠正之，又各为年谱以次第其出处之岁月。"但是，不管年谱是为什么而作，首先都要将谱主的经历按年系事，然后才能在此基础上进行评断，所以年谱可以说是比较纯粹的历史片断。我们知道凌廷堪对元好问诗词的喜欢是直接引发他为之编写年谱的原因。然而从《元遗山年谱》全书来看，凌廷堪并非只是做了一个诗词鉴赏家，流诸他笔端的是一个史学家的冷静和敏锐。元好问虽经历了金朝的终结，但只是一介文士，并不在历史变化的中心，而独具慧眼的凌廷堪却将这本年谱编写成了一个特殊的金史研究案例。在二十四史中，《金史》和《元史》的史料都不是很丰富，就拿元好问的生平事迹来说，《金史》中的记载只到金亡为止，之后元好问来往于齐、鲁、燕、赵、晋、魏之间，行踪不定，几乎没有留下任何记录。凌廷堪于是以年为经，以诗为纬，让元好问自己来诉说他后半生的故事和他所生活的世界。比如《本集·俳体·雪香亭杂咏》：

....

洛阳城阙变灰烟，暮虢朝虞只眼前。

为向杏园双燕道，营巢何处过明年？

落日青山一片愁，大河东注不还流。

若为长得熙春在，时上高层望宋州！

醇和旁近洞房环，碧瓦参差竹树闲。

批奏内人轮上直，去年名姓在窗闲。

....

凌廷堪认为这首俳体诗应该作于天兴二年（1233）。这一
年的四月，金朝叛臣崔立逼金国两宫皇太后、梁王、荆王以及
诸宗室五百多人北行，送俘蒙古，于是元好问才得以见到"醇
和"殿，这是皇帝的正寝所在，一般人根本无法见到。诗中写
到"望宋州"，说明此时金哀宗正在河南归德，而诗中海棠流
莺暮春之语，说明正值三四月间，这些都证明该诗写于金哀宗
还没有北渡之前。

凌廷堪通过这样的诗史互证，既将元好问的身世勾勒清
楚，同时也将金朝灭亡到元朝建立之间的历史空隙作了填补。
当凌廷堪将《元遗山年谱》呈给翁方纲请求指正的时候，翁方
纲十分欣喜，竟认为他的作品胜过自己的，自己原先就有为元
好问作年谱的想法，如今已经由学生完成了。近人梁启超在
《中国历史研究法（补编）》的《年谱及其做法》中评价凌廷
堪的这本著作时说："正由于金元之间正史十分简陋、单薄，
凌廷堪以元遗山作中心，从诗句中钩沉出许多湮没亡佚的史
料，放在年谱内，虽然不合原则倒也有一种好处。"从对金宋

实力的客观比对到借年谱写金史，都表现了凌廷堪超群的历史见识和深厚的功底。

然而，凌廷堪视西魏为正统，对金朝又极尽溢美之词，他的目的不仅仅是公正地对待中国历史上由少数民族建立的政权，而是提醒人们要正确对待中国历史上所谓的正统政权。当时，与凌廷堪在两淮盐运使伊龄阿所设的扬州词馆中共事过的黄文旸打算写一部从汉代到元代的通史，叫作《通史发凡》，顾名思义，就是要将中国几千年的历史从头到尾讲一遍。可别小看了这本书，单就选取哪些王朝作为书的主线就大有讲究。黄文旸在目录中将汉、曹魏、西晋、后魏、周、隋、唐、辽、金、元、明作为正统，将刘蜀政权视为"益州盗刘备"，孙吴视为"江南盗孙权"，而北宋是附在辽代后面的"汴州盗赵匡胤"，南宋是附在金代之后的"降将赵构"。后来此书一出，学界一片哗然，对于这样的颠覆之论不予赞同。然而凌廷堪在《书黄氏通史发凡后》中并未表现出十分的反感，他写道："正闰之说，迄无定论也。自宋人正统之论兴，有明袭之，率以己意，独尊一国，其余则妄加贬削，不以帝制。黄氏矫其弊可也。"

"正闰"之说就是指正统和非正统的判定，凌廷堪认为正统的谱系至今没有定论，而宋人对此讨论得十分热烈，明代人也承袭下来。他们按照自己的意思，尊一个王朝为正统，对其他的政权任意贬低。黄文旸此书就是在矫正这种不公平的"正统论"。从上文凌廷堪对于十六国和金朝的重视来看，他认同此书的观点应该是顺理成章的。

也许读者以为凌廷堪对他之前的作史者颇有逆反心理，你以为的正统，我偏要翻案。其实不然，对于他十分赞赏的金朝，他在金宣宗南迁汴京一事上所持的态度可以看出他对待历史正统的公允之心。

金宣宗名完颜珣（1163~1224），是金朝第八位皇帝。他在位的十一年中，金朝同时面临蒙古、西夏和宋朝的威胁。金崇庆二年（1213）直逼金朝首都（今北京）的成吉思汗知道金都一时难以攻克，就与金朝议和。金宣宗害怕蒙古再度进攻，不顾大臣的反对于贞祐二年（1214）将都城迁到了南京，也就是汴京（今开封）。成吉思汗听说金宣宗南逃，以为金朝缺乏议和的诚意，于是再次发兵南下攻打金朝，在第二年便将黄河以北的大片领土收归己有，由此，金朝气数耗尽，于公元1234年灭亡。凌廷堪在《金宣宗迁汴论》中对金朝南迁使蒙古有了攻打金朝的理由的说法提出了自己的意见，他认为即使没有南迁一事，蒙古终究是要来围剿金朝的，所以问题不是金朝该不该南迁，也不是蒙古人会不会攻打金朝，因为后者的答案是肯定的。两国交战，不但是军事上士气的较量，整个国家的人心也十分重要。金宣宗的所作所为都在告诉百姓这个国我是守不住了，人君所为，人心所凭，人民当然丧失了抗敌之心。所以，凌廷堪认为，金朝的灭亡在于国君没有死敌之心，从这个意义上讲，人君对于一国的命运十分重要。

凌廷堪在谈到两晋的灭亡时也坚持了这个观点，他说国君对于一个国家来说就像心脏对于身体一样重要。身体很强壮，心脏的功能不好，身体必定会衰颓下去，同样的道理，不管治世乱世，国家的各种行政系统都要运行，这时候就要看国君有没有才能操持了。如果遇到庸才皇帝的话，那么国家就要渐渐衰弱下去。两晋国运的衰竭，不在于八王之乱，而是因为惠帝没有治国之才。我们知道晋惠帝司马衷是历史上有名的白痴皇帝，史书上记载说，司马衷听说百姓都纷纷饿死，便问臣子他们为什么不食肉糜。惠帝的父亲司马炎之所以把帝位传给他，是因为司马衷的儿子司马遹从小聪慧伶俐，颇有帝王之相，为了使孙子能继承江山，必须先将国家交到他父亲的手中，结果这一个"深谋远虑"却耗费了晋朝不少气数。东晋的安帝生性也十分愚钝，连说话也有困难，朝政旁落朝臣手中，地方势力早有窥伺之心。凌廷堪说如果惠帝和安帝的父君知道自己的儿子没有帝王之才，而另外选贤与能，两晋的臣子们知道主上不是治国之器，另外拥戴贤主而立之，就好像身体虽然有损伤，但没有伤及心腹，晋王朝的命运也许可以改写。如果只知道将君位传给嫡出的长子，不管其是否能胜任，就以为完成了帝位的交接，此无异于将国家送上断头台。难怪在这段历史中留下许多士人感叹国运不济、生不逢时的篇章。

总之，凌廷堪所提出的史法和正统论，明显地表现出强调历史真实性的倾向。他认为编写历史是一件十分慎重的事情，以正统或者伪统的观念来处理历史材料，写出来的历史永远是一个模样，根本体现不出历史的本来面貌。

第3章

蜚声文坛

诗文以畅情，礼学以节情，两者追求的东西似乎相反。然而在凌廷堪那里，人们看到的不仅是他经学上的不凡造诣，在吟诗填词上他也颇有成就。清代著名学者钱大昕盛赞他的文辞"精深雅健，无体不工，儒林文苑，兼于一身"。凌廷堪著有《校礼堂诗集》和《校礼堂文集》二书，收录的文章涉及了中国文学的多种样式，其中他最擅长的还数骈文。在凌廷堪的文学作品中，既有清灵简雅的小品，也有汪洋恣肆的巨制，既有充满理趣的抒情，又有激情奔涌的铺排，可谓情理合和，折射出一个思维缜密的礼学家的盎然情趣。凌廷堪还涉足词曲领域，以深厚的乐学素养写下了《燕乐考原》，这是中国音乐史上里程碑式的作品。时人常叹能治经者少能为诗文，而凌廷堪恰恰是一个两全其美的人。

一、钟情于屈原的少年诗人

凌廷堪十五岁学诗，十八岁时开始累积平日诗作，到他病逝后竟留下了六百三十余首，达十四卷之多，后来由他的学生汇编为《校礼堂诗集》传世。在前面我们已经说过，十六岁的凌廷堪曾经得到当时著名的诗人张宾鹤先生的赏识。张宾鹤向他传授了作古诗的方法，使凌廷堪的诗歌创作日趋成熟。凌廷堪这一时期的诗歌创作的特点是竭力追求文辞的华美。我们现在来欣赏他一首题为《深渡》的诗：

> 客子溪头晚放船，缓摇双桨下长川。
>
> 一湾流水清见底，两岸乱峰高刺天。
>
> 饷妇携筐回旧袖，村翁赛社敛青钱。
>
> 香醪莫惜频沽满，今夜篷窗起醉眠。

这首诗写于乾隆四十六年（1781），那年凌廷堪二十五岁，前一年的冬天他将父亲的灵柩送回家乡，过了年后从歙县经过杭州返回板浦，途经距歙县县城十八公里的深渡古镇时留下了这首诗。深渡是古代徽州通往浙江的水上咽喉，也是新安江上的第一码头。那里风景秀丽，江面开阔，两岸奇峰叠翠，山色空蒙。两年前，凌廷堪辞别含辛茹苦抚育他兄弟二人的母亲和从没有离开过的故乡，带着母亲的教诲前往学人云集的扬州访学交友，这次又安顿好了父亲的灵柩，使凌廷堪的心头卸下了一块石头。此时的凌廷堪可谓踌躇满志，豪情万丈，在他笔下的新安江风景也显得清丽透脱——船夫从容地摇着双桨在江面上前行，水平如镜，清澈见底，鱼鸥追戏，江面倒映着连绵的秀美山峰。山峰错落有致，高耸入云，仿佛是它们将这里的天撑了起来。两岸田园村落清丽淡雅，石拱、古塔、水埠随处可见。山中的小径上不时可以看到过往的人影，只见农妇挽携着筐篓穿梭于田地与房舍，村夫怀揣着迎神赛社时赚来的"青钱"，有些满足。如此安宁平静的生活，不妨在夜色垂下时分，饮上几杯，美美地进入梦乡。《深渡》整首诗仿佛弥漫着深渡古镇那种清新的空气，将生活在秀美的徽州地区的人们安逸的图景展现在大家面前。这是凌廷堪对家乡的描述，平和的情绪不失精致的笔触，即使不引经据典，诗人还是能挥洒自如，天籁自生。

与《深度》诗一样，凌廷堪大多数的诗作都与他对诗文源头的认识有关。他认为文章是将古今变迁、人文风物定格下来，留给后人，所以必然需要巧妙构思，而诗歌则运用韵律，以达到声情并茂、生气勃勃、辞藻华美、对偶工整的效果。在中国文学史上，先秦的屈原和宋玉的骚体是辞林的正规，汉代的班固、张华的长篇文赋是文苑的宗主，魏晋时期的庾信、徐陵的文章虽然绮才艳骨，六朝文风一派浮华景象，但文学的典范仍然伫立不倒。然而到了唐代的韩愈、柳宗元，由于希望矫正南北朝时期的文风，便自我标榜要直接西汉的文统，超越他们之前八代的文学成就，也就是所谓的"文起八代之衰"，而其实只是自成一格罢了。且看韩愈的《进学解》文体沿袭的就是西汉东方朔的《答客难》、三国蜀臣郁正的《释讥》，这种文体的源头就是司马相如的《封禅文》和班固的《典引》，它是一种叙皇恩、颂帝德和述己忧的符命文。可见，韩愈怎么可能凭空就自造历史呢？也许有人会为韩、柳辩护说，文以载道，犹如车是用来载重的一样，又何需雕梁画栋的轮辕来画蛇添足呢？那么，古文运动所提倡的复古是否搞清楚什么是"古"了呢？其实谁都没有辨认清楚，好比是用顽石来充当朴玉。由于时代不同，文人们拘于一己之见，讨论如何写文章的意见层出不穷，什么是文章之道，反而越来越不清楚了。在凌廷堪看来，从隋代上溯到汉魏之初，真正能将文学的精华传予后人的只有九位大家的佳作，它们是，魏文帝曹丕的《典论论文》，西晋文学家、政治家挚虞的《文章流别论》，西晋文学家陆机的《文赋》，梁代昭明太子的《文选》，历仕宋、齐、梁三朝的文学家沈约的《宋书·谢灵运传论》，梁朝文学家任昉的《文章缘起》，南朝齐梁间文学理论家刘勰的《文心雕龙》，梁朝文学批评家钟嵘的《诗品》和陈朝徐陵的《玉台新咏》。就这些作品而言，文章的技巧其实是很难用语言传达的，但是他们都能烘云托月，授人以渔，对后世产生了很大的影响。我们知道，凌廷堪早年的诗文启蒙于《词综》，得益于《唐诗别裁》，而他偏爱屈宋以及六朝的选体。

同时，凌廷堪还是一位词律高手。凌廷堪年少时失学，在家乡板浦时常常以填词自娱，与友人相唱和。进入两淮盐运司词曲馆后，虽然以研读经典为正业，但是对于词曲仍很用心。词曲又称为"诗余"，吟咏词曲是古代文人在学习经学功课外的娱乐性活动，所以精通者有之，但看重者寥寥。凌廷堪入聘的词曲馆所在地扬州，是清代中叶文化和商业的中心，文人学士云集，如惠栋、戴震等大学者都在此有长时间的逗留，他们谈笑切磋学问。而凌廷堪由于精通音律之学，在嘉庆年间，与江藩、焦循等人一起成为扬州学界的名人。凌廷堪著有《梅边吹笛谱》二卷，此书的得名源于他对南宋词人姜夔的推崇。姜夔，字尧章，号白石道人，饶州波阳（今江西鄱阳）人。他一生布衣，常为幕僚清客，靠卖字和朋友接济为生。他的词格律严密，以空灵含蓄著称。一阕《暗香》写道："旧时月色，算几番照我，梅边吹笛？唤起玉人，不管清寒与攀摘。"凌廷堪采掇《梅边吹笛谱》，表达了对姜夔的景仰之情。他尤其将姜夔作词讲究格律的特色引以为楷模，不仅他自己的作品严守格律，对于同时代文人的词，只要有不合规矩者，他也必会指责。我们来欣赏凌廷堪的《霓裳中序第一》：

> 湖山自秀极，隐隐前游仍记得。探古莫辞倦力，怕情梦易沉，吟魂难索。楼阴树隙，怅断碑、谁问词客。梅边月，此番照我，尚作旧时色。
>
> 寥寂，句昏尘壁。况小径、疏烟细织，空濛何处故迹。草绿裙腰，仅见阡陌。话余空太息。更指点，双峰送碧。他年约，同寻抔土，小醉船侧。

这首词作于乾隆五十九年（1794），这年凌廷堪三十八岁，即将赴任宁国府担任教授。在此之前，他来到杭州，记得《杭州府志》上记载姜夔的墓就在此地，于是在隆冬时节踏访寻觅，却没有找到。后来在朋友处得知，原来姜夔的墓就在武林门外，于是相约一起前去。可是后来因急于赴任，竟未能成行，于是写下这首词。整首词弥漫着作者怀慕先人的幽情，秀丽的湖光山色仿佛记下了白石道人的游踪，映出这位杰出词人吟咏唱和的身影。"梅边月，此番照我，尚作旧时色"完全是"旧时月色，算几番照我，梅边吹笛？唤起玉人，不管清寒与攀摘"的对应之句。凌廷堪觉得自己仿佛可以跨越时空的阻隔，与这位心仪的词人站在同一片月色中，可是转眼间，又回到现实，只有小径疏烟，绿野阡陌，故人已逝，唯有在墓前凭吊依稀。整首词感情细腻真挚，情景交融，展现了凌廷堪丰富的内心世界。

　　不过，到了中年之后，凌廷堪的诗风却有了转变。我们知道，在清代诗坛上，最具代表性的有所谓的四大流派，他们分别是王士祯的神韵说、沈德潜的格调说、袁枚的性灵说和翁方纲的肌理说。从生活时代来讲，王士祯最早。翁方纲虽然比袁枚还要小十七岁，但他二十岁就中了进士，从乾隆二十九年（1764）起连续担任广东学政长达八年之久，在此期间他完成了著名的《石洲诗话》。而此时的沈德潜和袁枚各自告老回乡，翁方纲却深得皇帝倚重，担任科举主考官，为全国学子瞩目，可以说他所提倡的肌理说在当时的诗坛很有影响。"肌理"一词，首见于杜甫《丽人行》中"肌理细腻骨肉匀"的诗句，指美人的"肤色纹理"。翁方纲则借此构建自己的诗歌创作理论。"理"是指义理和文理，"肌理"是指儒家的经术和学问，有时也兼指文理。他把儒家经籍和学问看作诗歌的根本。翁方纲的肌理说实际上是王士祯的神韵说和沈德潜的格调说的调和与修正。他用肌理给神韵、格调以新的解释，目的在于使复古诗论重振旗鼓，与袁枚的性灵说相抗衡。正因为翁方纲的肌理说是渊源于儒家的六经，这也就决定他作诗就像做学问一样，诚如他所说的"博精经史考订，而后其诗大醇"。如他的《汉石经残字歌》《汉建昭雁足灯歌为王述庵臬使赋》等，以学问为诗，用韵语写考据，所以被袁枚批评为把抄书当作写诗。乾嘉之际学术界的主流是考据学派，虽然未必所有学者都敬业于考据，也不是一切学者都埋头于汉代经注。但是，知识的崇高地位和学者的声誉确实取决于这种风靡一时的学术风尚。将考据入诗，在辈分较翁方纲稍前的浙江著名诗人汪师韩的诗作中已见端倪。汪诗的特征就是多附注释并详加考证。如他的《题夏承碑拓本》，全诗十九韵二百六十六字，而他对原诗的注释详解达五百余字。又如他的《胡袭参司业示以所著同文声形故》更为典型。诗云：

> 往公司业未抽簪，九经手录如张参。
>
> 惜公休告罢列燕，坐使诸生失胡瑗。
>
> 归来支体病不仁，住坐展转常需人。
>
> 虽然口牢舌本强，昔者著书今等身。
>
> 禹贡三江纪南北，尔雅九河题简洁。
>
> 目谋指画让遗经，未有空谈躬不阅。
>
> 鸟迹远溯隶与蝌，奇觚结撰研音和。
>
> 了辨并契国语解，耳根漫言毗佉啰。
>
> 帮滂晓匣匪叠矩，排摄反纽徒分科。
>
> 公力引之周道行，四十二音图集成。
>
> 一千九百九十声，又三倍是穷声形。

华夏同音法待制，抒幽更拟补无字。

当年奏御阁秘书，老去名山抱绝艺。

载酒问字值兹晨，呻吟强起重开笥。

窃比杜本仓颉故，五变八体通其义。

世无同工句与余，似我岂称雠鲁鱼。

犹能涉笔歌龙书，公毋我鄙举一隅。

这种关于语音发展与字体的讨论，本来属于音韵文字学的范畴，是乾嘉朴学家的研究专题，如戴震、段玉裁、钱大昕、孔广森、王念孙、王引之等对古韵的阐述、考证、研究，形成了乾嘉朴学特有的文化景观。然而汪师韩却以诗歌的形式来展示，无疑是炫耀其具有深厚的经学造诣和考据功力。凌廷堪师承翁方纲，一生对翁氏充满敬意，他的诗歌创作风格也深受翁氏肌理说的影响。如他在《学古诗二十首》中说：

道非文不载，文非释难通。

字体苟讹误，流传或愚蒙。

尔雅及说文，力能匡圣功。

古者八岁后，即使游其中。

自汉逮汴宋，尤未泯遗风。

淳熙变小学，六书如枯蓬。

洒扫与应对，小子皆盲声。

赖有汉碑碣，尚足辨异同。

陋彼灶下养，但赏笔画工。

凌廷堪以诗歌的形式，肯定《尔雅》《说文》以及汉碑对于理解儒家经典的重要作用，用诗的语言谈经论子，揭开经典新的面貌，实际上也就是将学问引入诗歌创作。这与他的老师翁方纲提倡的肌理说可以说是不谋而合，所以当时著名的经史学家、文学家洪亮吉在所编著的《北江诗话》中，对凌廷堪诗歌的评价是："画壁蜗涎，篆碑藓蚀。"

值得一提的是，凌廷堪对元曲也有研究。他在与友人讨论曲的书信中认为，北曲以清空古质为主，而南曲是北曲的末流，虽然意蕴缠绵，但本旨与北曲并没有根本的区别。从明代开始，南曲创作十分兴盛，北曲则渐趋衰落。但是北曲因为式微反而得以保存，南曲因为过盛却濒临衰亡。因为北曲的创作者都是严守规矩，效法古人的，而南曲作品，愈作愈泛，悍然下笔，漫然成篇，写出的作品可以说是诗歌，也可以说是词，说是文也可以，唯独不能说是曲。在众多的曲作品中，《长生殿》便是守法的典范，不但念白精妙绝伦，而且严格遵循北曲的声律。凌廷堪认为这部作品是四百年来的标志性杂剧，另外如创作了《汉宫秋》的马致远和创作了《唐明皇秋夜梧桐雨》的白朴也都堪称元曲大家。

凌廷堪还以诗的形式写下《论曲绝句》三十二首，对曲的功能、语言、历史剧的编写发表了自己的意见。从内容上来看，凌廷堪深谙此道，对戏曲史烂熟于胸，所以评论起来高屋建瓴，又切中要害，用短短的三十二首诗便将中国古代戏曲的历史发展、曲风特点和各家高低囊括在内，不得不令人佩服。其中，凌廷堪尤其强调曲是有特殊的规则的，这与他强调词的音律一样。他对曲的研究不是仅限于文学领域，而是跨入音乐史，以朴学家的眼光来厘清乐曲的来龙去脉，正本清源，提出了自己的观点。

二、古代"燕乐"的探索者

在中国古代，"礼"和"乐"是紧密联系在一起的，礼讲求的是"差等"，而乐则崇尚"和同"。音乐多在庆典和娱乐时使用，但它的社会教化功能与礼一样重要。儒家的"六经"之一《乐》就是圣人制礼作乐的经典，由于亡佚而被部分保存在《礼记·乐记》中。乐学的研究事关重大，朝廷设有专门的部门从事研究和演奏。对词曲深有研究的凌廷堪，在中国古代音乐史上也占有一席之地。凌廷堪不仅在礼学方面卓然成家，而且在探索古代的乐律方面也有很多建树，他在四十七岁时创作的《燕乐考原》就是他从词曲创作转向古代音乐研究的代表作品。

《燕乐考原》全书分为六卷，卷一为总论，卷二为宫声七调，卷三为商声七调，卷四为角声七调，卷五为羽声七调，卷六为后论。《续修四库全书总目提要》说："是书有总论，有后论，于二十八调各有条辨，复为燕乐表以明之。"该书通过对唐代段安节的《乐府杂录》（《琵琶录》）、《新唐书·礼乐志》、宋代沈括的《梦溪笔谈》（乐律部分）、宋代王灼的《碧鸡漫志》、《宋史·乐志》、《辽史·乐志》、元代周德清的《中原音韵》等著作记载的燕乐理论加以综合提炼，考察了唐代以来燕乐乐律演变的过程，确认了燕乐二十八调在琵琶四弦上的音位，证明隋唐燕乐实际上来自西域和中亚，它与中国传统的雅乐、清商乐有着不同的音乐特性。同时，凌廷堪还对二十八调的时号、俗称进行详细的考证。尤其是该书说明并列出了《七宫七羽表》《七商七角表》《燕乐合琴表》等，便于后人检索参考。

燕乐一般是指古代贵族在宴会中应用的一切音乐，中国隋唐至宋代的宫廷中饮宴时，供娱乐欣赏的、艺术性很强的歌舞音乐，所以也称"宴乐"。周代已有所谓"燕乐"，即"房中乐"，为后妃在宫中所用，它诵唱的歌词往往借用《诗经》中"周南""召南"的诗句。汉代宫廷中也有"房中乐"，这些都是雅乐的一部分，性质与唐宋燕乐不同。广义的燕乐，如宋人沈括在《梦溪笔谈》中所说的"先王之乐为雅乐，前世新声为清乐，合胡部为燕乐"，是指汉族俗乐与外来（外国或外族）音乐的总称。燕乐的狭义概念则专指唐十部乐的第一部，即张文收所作的燕乐。

燕乐的兴起与发展，主要在隋末至唐代的开元、天宝时期的百余年间。特别是在几个喜好音乐的皇帝的提倡下，燕乐得到很大的发展，成为中国古代乐史上最为突出的流派。如隋炀帝杨广尚奢侈，召集了六朝以来流散在各地的乐工，常常举行阵容极其豪华的表演。隋亡后，唐太宗李世民在宫廷中也时常举行大规模的音乐舞蹈表演，如用一百二十人表演《破阵乐》，借此宣扬他的武功。唐玄宗李隆基也是一个精通音乐的皇帝，不但能自己作曲，而且还是打羯鼓的能手。他精选乐工数百人，在宫廷中亲自教练，称为"皇帝梨园弟子"。这一时期的宫廷音乐规模更大，艺术水平更高，许多有名的大曲都是在这个时期形成的，如唐玄宗创作的《霓裳羽衣》就是其中最著名的一首。当时教坊的乐工不仅在宫廷中演奏，而且还时时到贵族家中献艺，年老乐工则在宫外以传习歌舞为业，使燕乐得以广泛传播。安史之乱以后，唐朝的宫廷音乐衰落，宫廷音乐家们多流落民间献艺谋生。五代时，南唐和后蜀的宫廷中会聚了一些乐工，宫廷音乐有所延续，但未能恢复到唐朝的规模。宋朝建立后，朝廷又设立教坊，多沿用唐时的旧曲，宫廷内外有时也会演奏大曲，但只是选奏其中的一部分，演奏的规模也大为缩减，往往是歌者与舞者合而为一，大曲曲调逐渐演变为表演故事。如宋史浩《峰真隐漫录》卷四十六所载的《剑舞》，是用《剑器》大曲表演楚、汉鸿门宴及杜甫、张旭观公孙大娘舞剑的故事；又如《郑生遇龙女薄媚》是用《薄媚》大曲来表演郑生遇龙女的故事；《哭骰子瀛洲》是以《瀛洲》大曲表演滑稽故事。这些都表明宋代的大曲在逐渐向歌舞剧的方向演变。大曲中的许多乐段逐渐变为曲牌，如我们熟悉的"词"这一文学体裁，与音乐有着十分紧密的关系，填词所依据的规则正是燕乐的二十八宫调。凌廷堪所作的《燕乐考原》就是对这二十八宫调的系统考证。

所谓"二十八宫调"，是指在中国隋唐宫廷燕乐的演奏活动中逐渐形成的宫调系统。北魏、北周、隋、唐几代的帝王，征集各民族民间音乐家担任乐工，在宫廷的饮宴享乐活动中演唱演奏。各民族乐工在互相学习、互相协作的音乐实践中，共同创造了一套记谱法和宫调系统。记谱法在早期是半字谱，后期发展为较完备的俗字谱，这些谱字的读音就是后世"工尺"

谱的读音，宫调系统就称之为"燕乐二十八调"。其二十八调调名为：正宫、高宫、中吕宫、道宫、南吕宫、仙吕宫、黄钟宫为七宫；越调、大食调、高大食调、双调、小食调、歇指调、林钟商为七商；大食角、高大食角、双角、小食角、歇指角、林钟角、越角为七角；中吕调、正平调、高平调、仙吕调、黄钟调、般涉调、高般涉调为七羽。元人芝庵在《唱论》中最早完整地提出宫调"声情"说，如说仙吕宫唱，清新绵邈；南吕宫唱，感叹伤悲；中吕宫唱，高下闪赚；黄钟宫唱，富贵缠绵；正宫唱，惆怅雄壮；道宫唱，飘逸清幽；大食唱，风流蕴藉；小食唱，绮丽妩媚，等等。

宋代以后燕乐逐渐为戏曲所取代，到明清时人们对燕乐的二十八宫调已经十分陌生。有鉴于此，凌廷堪首先对此重新加以梳理。他认为，根据《隋书·音乐志》的记载，燕乐来源于龟兹的琵琶，当时只有宫、商、角、羽四均，无徵声，每一均分为七调，所以一共二十八调。演奏的主乐器是琵琶，琵琶有四根弦，对应燕乐的四均，第一弦为宫声，分为七调，分别为正宫、高宫、中吕宫、道宫、南吕宫、仙吕宫、黄钟宫，此弦对应琴的第七弦；第二弦为商声，分为七调，分别为大食调、高大食调、双调、小食调、歇指调、林钟商、越调；第三弦为角声，分为七调，分别为大食角、高大食角、双角、小食角、歇指角、林钟角、越角；第四弦为羽声，分为七调，分别为般涉调、高般涉调、中吕调、正平调、高平调、仙吕调、黄钟调。南宋以后，燕乐的声调有所改变，七商调原来与太簇对应，南宋后改为与黄钟对应；七羽调原来与南吕对应，南宋后也改为与黄钟对应。其实，从中国古代音乐发展史来说，这种七声音阶和十二律在周朝已有记载。如七声音阶中的宫、商、角、变徵、徵、羽、变宫，也即现代音乐中的 C、D、E、F、G、A、B。公元前 6 世纪时，周景王问乐官伶州鸠什么是七声音阶，什么是十二律。伶州鸠在回答时，列举了宫、商、角、变徵、徵、羽、变宫的阶名，并且说明了各音阶与黄钟、大吕、太簇、夹钟、姑洗、仲吕、蕤宾、林钟、夷则、南吕、无射、应钟等十二律的关系，并将七声音阶的出现推前到周武王伐纣的时期（约前 1066）。

凌廷堪不但梳理了二十八调，而且还进一步分析它们变化的原因。如"角声七调"，宋代时为什么不用？《燕乐考原》卷四说："宋教坊以来，不用七角一均，以其与七商相应也。元杂剧以来，不用七羽一均，以其与七宫相应也。以《景祐乐髓新经》考之，七徵一均，亦用黄钟以下七律。七变徵一均，亦用应钟以下七律。而七变宫一均正宫、高宫诸调名，皆与七宫同也。然则所谓十二均、八十四调、六十中管调者，亦不过徒有其名而已，不能用也。"卷五又说："（七羽）实太簇之清声，故其调名多与七宫相应，段安节曰宫逐羽音是也。"二十八调中，商声七调与角声七调、宫声七调与羽声七调有着惊人的相似性，凌廷堪用"相应"一词予以揭示，角、羽不用，是以其同构之商、宫代替的原因。凌廷堪的这种分析，也曾引起了日本学者岸边成雄的兴趣。凌廷堪指出，商、角完全同构，即相同，而宫、羽则大部分相同，故曰相似。他说："二十八调的整体构成中能看到的第二个惊人的规律性，即商七调与角七调的完全一致，和宫七调与羽七调的相似。由商七调之大食调、高大食调、双调、小食调、歇指调、林钟商、越调分别去掉'调'字（林钟商去商字），代之以'角'即为原样的角七调。商角两七调用的完全是同一名称。"可见，凌廷堪指出了燕乐二十八调的理论构架与实际应用之间的矛盾，阐明了角、羽与宫、商同用的原理，直接影响到后来学者对二十八调的认识。

《燕乐考原》共考证了一千三百四十九个曲子，各曲的宫调所属，十分严谨，没有确切证据者不予著录，如《燕乐考原》引元代曲子皆依周德清《中原音韵》为据，因周书本身是一部极为严谨的专著，而元人陶宗仪《南村辍耕录》所收曲子，则只作介绍而不予收录，至于明人所撰之谱，恐有讹误，更不著录。对于一些后世已经不被采用的调式，凌廷堪每每详加考证，力求弄清源流，如《燕乐考原》卷二"高宫"条中说："高宫，宋教坊队舞、云韶部及太宗所制新奏皆不用，而《碧鸡漫志》云《凉州》有高宫，又云《念奴娇》又转入高宫。天基圣节排当乐次有高宫《惜春》《缠令神曲》二曲。姜白石《大乐议》亦云：阙大吕之商、羽。则是南渡时高宫尚存，但不多用耳。至金院本、元杂剧始阙高宫也。"二十八调中"高宫"一调，宋时在教坊、云韶、新曲中都没有记载，是否宋时已无"高宫"一调呢？凌廷堪细搜之，于典籍中钩沉稽要，找出证据，令人信服地说明"高宫"一调于宋时尚存，其亡当在南渡以后。凌廷堪还通过校勘方法，校出所引材料中的一些文字讹误之处。如《隋书·音乐志》所载郑译奏议中称"鸡识"即"南吕声"，《燕乐考原》指出"南吕声"应是"商声"之误;《宋史·乐志》所载"高角"《阳台云》,或作"商角",《燕乐考原》指出"商角"应是"高角"之误,"高角"即"高大食角之省文",等等。

凌廷堪《燕乐考原》的另一个十分突出的成就是,他第一次将自宋至元的燕乐曲子按宫调进行了仔细的梳理,并结合燕乐二十八调的具体考证分析,以时间为序分列各宫调之下,使得本来纷乱无序的燕乐宫调与具体的乐曲有了清晰的条理。同时,也勾勒了燕乐曲调发展的较为明显的轨迹。因此我们很容易发现,宋时所用宫调实际只有十九个,高宫、高大食、高般涉及七角调在宋时几乎无曲子,而张炎《词源》记载宋时所用为十七宫调。可见,宋时常用之宫调不超过十七个,而到了元代,道宫、歇指调已不复使用,羽声的中吕调、仙吕调、黄钟调等七调只存般涉一调,所以元曲中所用宫调实际不过十一个。正是凌廷堪的总结,才使今天的人们能够如此清晰地看到宫调的演变,而对于燕乐曲调的研究更是起到了导夫先路的作用。如后来夏敬观所编著的《词调溯源》中所录的二十八调曲名,就大部分选录自凌廷堪的《燕乐考原》一书。

嘉庆八年(1803),凌廷堪将自己在音乐上的心得写成《燕乐考原》六卷。书稿甫成之际,他致书好友阮元倾吐了著述过程中的辛苦。他说虽然苦于当时能参考的书籍甚少,而且精力有限,但能揭开一些以前乐家没有领会到的东西,也算是一种欣慰。他认为中国古代音乐在隋代音律学家郑译处是分水岭,之前都是以京房律为准,郑译之后以苏祗婆的琵琶为准。凌廷堪认为在乐律上后世俗乐与古雅乐之间,隔着唐代燕乐一关，而唐代燕乐其实是在隋文帝时郑译所传龟兹人苏祇婆的琵琶乐调的基础上形成的。他还指出，琵琶乐调中五旦、七调之说，出于苏祇婆的传授，而十二律、八十四调之说，则出于郑译的推演。郑译在引进龟兹乐律时，采取了把中原乐律与西域乐律相结合的方法，而以后的琵琶指法由于吸收了中原古琴的指法，有了很大的发展。但凌廷堪以为"自隋郑译推演龟兹琵琶以定律，无论雅乐俗乐皆源于此，不过缘饰以律吕之名而已"。这些见解虽然在一定程度上澄清了中国古代乐律发展史上的一些混乱概念，但是也过分夸大了龟兹乐律在中原地区的影响，所以他对中国古代燕乐的探索，存在着一系列诸如"均旦不分""以琵琶为燕乐定调乐器"等问题。此外，凌廷堪对燕乐二十八调的考订与整理也有缺失，主要表现为所收曲子不全面。如唐代崔令钦《教坊记》中所录曲子未能考之以归类，宋代陈旸《乐书》中所录曲子也有缺失，而且对一些调与曲子的解释未必恰当。尽管如此，自宋代蔡元定编写了《燕乐书》之后，元、明两代的燕乐研究几乎成为绝响，凌廷堪则在极困难的情况下把这门古老的学问捡起来加以阐发，是对我国音韵学的一大贡献。梁启超称凌廷堪"若其研究方法，确为后人开一新路"，是比较公正的评价。

凌廷堪的另一本乐学著作是《晋泰始笛律匡谬》，书中探讨的是中国古代如何定标准音的问题。西晋武帝泰始十年（274），光禄大夫荀勖为正雅乐，制定笛律，这就是著名的"荀勖笛律"。荀勖笛律所述及的乃是"泰始笛"的制作方法，此笛所宗是地道的三分损益律。那么什么是"三分损益律"

呢？大约在公元前 7 世纪，春秋时期的思想家管仲用三分损益法算出了宫、商、角、徵、羽五音。自《吕氏春秋》始，都把这三分损益律当成我国的正统律制。先秦可能用过这三分损益律，从曾侯乙墓出土的编钟、编磬就可以知道。但是经过秦火之后，乐准不传，所以才有了荀勖重新定律的事。

荀勖制律的依据是汉代重要的音律学家京房的理论。《续汉志》中记载了京房的观点，他认为"竹声"不可以度调，于是就制作了一个标准乐器，其形状像瑟。瑟是弦乐器，而所谓"竹声"指的是管乐器。在凌廷堪看来，弦乐器是不能来规范管乐器的音准的。管乐器真正的音准器其实一直保留在弦工吹师的代代传授中，只是一般人并不知道而已。据《宋书·律志序》载，"荀勖笛律"规定了十二支符合三分损益法十二律吕的泰始笛的制作尺寸：黄钟笛长三尺八寸、大吕笛长三尺六寸、太蔟笛长三尺四寸、夹钟笛长三尺二寸、姑洗笛长三尺、中吕笛长二尺九寸、蕤宾笛长二尺八寸、林钟笛长二尺七寸、夷则笛长二尺六寸、南吕笛长二尺五寸、无射笛长二尺四寸、应钟笛长二尺三寸。在对荀勖笛律进行讨论时，协律中郎将列和曾就大吕笛的制作尺寸表示了自己的见解。列和说："太乐东厢长笛，正声已长四尺二寸。令当复取其下徵之声，于法，声浊者笛当长，计其尺寸乃五尺有余。和昔作之，不可吹也。"从列和的话中可知，原先的太乐东厢长笛，其长虽然已达四尺二寸，还是可吹的，只是再长（五尺余）就不可吹了。凌廷堪抓住的就是这个环节，荀勖其实是用"文献"来制律的，而列和才是真正懂得实践的音乐专家。《晋泰始笛律匡谬》全书一万三千余字，对荀勖笛律基本上采取了否定态度。书中逐段逐句地引录了《宋书·律历志》中有关荀勖与列和的对话，以及荀勖笛律详细的制作过程，然后一一加以辩驳，指出荀勖只知按京房的理论，以弦乐度管乐，其结果是按荀勖的方法制作出来的十二笛不能使用。

凌廷堪《晋泰始笛律匡谬》一书指出的是不是音乐史上的"谬"，他的"匡正"又是否达到了目的暂且不论，但其中至少体现了他延续《燕乐考原》以来一贯的对传统见解的"摧陷廓清"（梁启超语）的精神。

三、鲜为人知的骈文行家

清代乾嘉之际的文坛，以桐城派的古文为正宗。然而当时社会上广泛认同的学问是考据学，所以文人学士往往崇尚博洽，鄙薄空疏，由清初发展而来的骈体创作，再度成为文坛热点，出现了一批由朴学而兼治骈体的名家。据张之洞《书目答问》所列"体格高而优"的清代骈文二十家中，乾嘉朴学家就占到半壁江山，如孔广森、汪中、孙星衍、阮元、洪亮吉等不仅是朴学的大师级人物，而且又是擅长骈文的顶尖高手，而凌廷堪恰恰也是其中的一位佼佼者。

骈文是一种别具一格的文学样式。它利用汉语单字成音的特点，使用对举、排比、用典、夸饰等手法，将文字排列成为句法整齐、抑扬有致、音韵和谐的语列，构成辞藻瑰丽、用典丰富的美文。骈文脱胎于汉代的词赋，定型于魏晋，极盛于南北朝。产生了如徐陵、庾信那样的独领风骚的骈文名家和辞藻瑰丽的骈文作品长卷。骈文经历了唐宋两代文风、文体的改革，渐渐淡出文学的视野，到了元明两代几乎成为绝响。乾嘉之际，随着学界提倡恢复古代经典浪潮的涌起，由于骈文讲求用典和声律，正是饱学之士挥洒才学、淋漓笔墨的最好途径，于是骈文又再次成为文人雅士钟情的文学样式。凌廷堪的骈文代表作是《九慰》，写于乾隆五十二年（1787）他三十一岁时。当时，他已在科举的征途上经历了两次失败，这首《九慰》虽然是为追思屈原的《九章》而作，但实际寄托的却是他自己怀才不遇的愤懑心情。

《九慰》全文共分八段，第一段写了风物盈饶的楚地孕育出屈原笔下五彩幻化的神奇世界；第二段将屈原的成就与孔子的相提并论；第三段说《诗经》有十五国的"风"，唯独没有楚国的，这个一直被认为是南蛮的地方也曾与中原的晋国不相上下，而屈原的诞生使楚声得以与鲁颂比肩；第四段描述了屈原中正爱君却被放逐的哀怨之情；第五段提出西汉辞赋的成就出于屈原的骚体，而不是《诗经》；第六段褒扬了屈原高尚的人格；第七段为屈原的灵魂营造了一个天上人间；最后一段歌颂屈原和他的文学成就与天地同在。

凌廷堪对于屈原的作品如数家珍，随手拈来，化入文中，使文章同样具有骚体浓郁的浪漫色彩，各种灵兽、花草、仙山、幽境穿插其中，缤纷绚烂。凌廷堪对于《文选》极为熟悉，这使他在文中谈论文学史时既一针见血，也避免了学究气，典故的运用自然而不堆砌，恰当而不卖弄，文势时而平缓，时而激荡，时而低吟，时而高唱。江藩评价凌廷堪在文学上写得最好的体裁是骈文，有汉魏人的气质，有六朝文的华丽，成就在比他更有文名的清代经学家、骈文家孔广森之上，可惜的是凌廷堪在骈文创作方面的建树却不为世人所了解。

第 4 章

精 通 历 算

　　在现代人的印象中，古代儒生都是恭谨有礼、满腹经纶，一副儒雅的模样，犹如现在大学文科学院里的教授之类的人。殊不知，古代对于儒者最高的评价是"通儒"。所谓"通"，不是文史哲三门学科之间的贯通，而是还要精通天文、历算等自然科学知识。自从晚明西方科学进入中国以后，整个知识界所面临的不但是要迅速理解这些结构完整的学科系统，还要在心理层面上对中西文化的优劣进行对照和消化。同样是这些读"四书""五经"，走科举考试而来的儒生，他们所表现的智慧和代表的华夏文化的包容力不得不令人感佩。凌廷堪从三十七岁开始留心天文历算之学，求学访友，成为当时学人积极吸收西方研究成果、学习和探讨科学知识的一个代表性的人物。

一、"谈天三友"的故事

　　西学进入中国，首当其冲的自然是天文学。我们在前文的历史学部分就讲到历法的颁布对于统治政权的意义，这是历法文化上的意义，而制作历法则是另一回事。制作历法由天文历算的专业人员来完成，皇家专门设有研究部门。从事天文工作的人都是有官衔的，当然民间也有优秀的天文学家，但往往会被官方征用。在中国历史上，清代以前是不准民间私习天文历算的，很大原因是统治阶层为了防止其扰乱民心，篡夺君位。而从清代开始，康熙皇帝本人带头亲自请来外国传教士，向他们学习天文数学，他还御制《历象考成》，讨论天文学问题。钦天监里同时设立满族监正和西洋监正。晚明时期，已经产生了采用第谷创立的天体系统和几何学计算方法的《崇祯历书》。进入清代，传教士汤若望将之从一百三十七卷压缩成一百零三卷，更名为《西洋新法历书》，进呈清廷。在此基础上钦天监官选取清皇太极天聪二年（1628）为历元，编制《时宪历》，颁行天下。

与此同时，康熙皇帝对民间研究天文的杰出者梅文鼎大加褒奖，御赐"积学参微"四个大字，这在很大程度上促进了天文研究在民间的普及。民间学习天文历法成风，达官贵人们常以天文作为交谈的话题。从中国的天文学史上看，清代杰出的天文研究者几乎都来自民间，其中有经学家江永、戴震、程瑶田、孔广森、凌廷堪、阮元、李光地、焦循等，史学家钱大昕、赵翼等；声望最高、成就最大的天文学家都不是钦天监的官员，而是来自民间的如王锡阐、梅文鼎、江永、薛凤祚等。当时有"南王北薛"之称。阮元也有评论指出："王氏精而核，梅氏博而大，各造其极。"梅文鼎不但在天文学上成就卓著，他的"西学中源"学说对西方科学之风劲吹的清代产生了很大影响。

梅文鼎（1633～1721），字定九，号勿庵，安徽宣城柏枧山口坐吉村人。他九岁就熟读"五经"，通史事，有"神童"的美誉，常常跟随父亲和老师仰观天象，学习天体运动的规律。长大后博览群书，尤其对天文历算有兴趣。他在学习了天体交食后，于二十九岁时完成了《历学骈枝》四卷，被老师盛赞为"智过于师"。其后他在一场天文历算领域的中西之争中，凭借聪明才智，博采古今中西，完成了《古今历法通考》的巨著。梅文鼎一生孜孜不倦，著述有上百种之多。他的主要学术活动和教育活动都在康熙一朝，虽然从创造发明方面来说他并没有什么收获，但其学术思想和著作却影响了整个清代。学人通过阅读他的作品，将兴趣和注意力转移到天文历算之上，完全是当时现实的真实写照。时人曾评价他说："千秋绝诣，自梅而光。"

凌廷堪生活的年代，梅文鼎已经不在人世了。凌廷堪在赴宁国府任教的时候，拜会了这位徽州同乡的故里。梅文鼎的后人生活在江宁明瓦廊，也就是现在的南京江宁。梅文鼎的曾孙梅镠接待了慕名而来的凌廷堪。他拿出曾祖父当年借鉴西方天文仪器所制作的比例铜尺、铜规、铜浑仪等，并将江永的天文学著作《翼梅》一书借给凌廷堪。那么为什么梅氏家人要把江永的书借给凌廷堪呢？这里还有梅文鼎与江永两位学者之间鲜为人知的一段故事。

上面我们提到了梅文鼎对清代学人的影响，江永就是深受梅风浸染的学者之一。他在读了梅氏的《历算全书》以后，被梅文鼎的学识所征服，自认为是他的私淑弟子。但是在个人观点上，他与梅文鼎分歧不小，他所撰写的《翼梅》一方面是对梅文鼎的学术成就的肯定和进一步发挥，另一方面则在一些问题上持有独到的见解。江永写完《翼梅》后，去北京与梅文鼎的孙子梅毂成交流，并向他展示了自己的著作。《翼梅》中，江永与梅文鼎意见相左的地方有五处。江永原本以为自己的工作能够弥补梅文鼎的不足，可他书中所透露出来的对于西方天文学来源于中国的说法的否定和强调西方原创性的观点却让梅毂成如鲠在喉。梅毂成认为，江永学术水平的高低倒在其次，但长西人之志气、灭华夏之威风的论调实在不能容忍。他甚至质问江永用意何在。可见此事已经不是纯科学领域的交锋，而是涉及清代学者的复杂心态了。对于江永的《翼梅》，清代礼学家、兼理国子监算学的秦蕙田对之十分重视，将它收入自己主编的《五礼通考》中，但有的学者则对江永持批评的态度。如精通历法的历史学家钱大昕在评价梅文鼎和江永时认为梅文鼎是"能用西学"，而江永则"为西人所用"；阮元也认为江永过分推崇西方天文历学，不理会他们的短处，还以此对梅文鼎发难，十分不妥当。这些反对的声音很能反映当时学人的态度，即承认西方的知识有胜过我邦的地方，学习他人之长未尝不可，但是如果因深信西人之学反而被其愚弄，则是莫大的悲哀了。

其实梅文鼎与江永的嫌隙折射出清代知识分子处在西学隆隆而来的汹涌之势下的复杂心态。随着传教士的东来，欧洲天文学在明末传入中国，冲击着中国传统的天文学方法。要承认自己文化的弱势对于一个拥有如此悠久文明的国度的知识分子来说是很难的事情，一方面西方的科学知识越来越多地得到普及和应用，一方面思想上中西比较的纠缠往往以力诋西人之非、彰显中法之优的形式出现。从颁布历法这件事情来讲，它意味着统治权的神圣性，如今要完全使用西方人的方法，岂不是"用夷变夏"吗？梅文鼎这位大师为当时的人开了一帖很好的药——西学中源。这帖药的处方上写着：西方的天文学和数学是中国古代的"周髀盖天之学"传入西方后发展起来的。这样一来，任凭你西学如何幻化神奇，也逃不出中国老祖宗的生养之恩，所以中国人只是在用自己的东西罢了。上至康熙皇帝，下至士人学子人人释然，这帖药的效用直达清末。

梅文鼎不是"西学中源"的提出者，但他在著作中数理演绎之余，处处体现出这样的思想。比如他说"历学古疏今密"，认为由于"三代典制厄于秦火"，对于古历的考察成为不可能，而今天如此严密完整的天文学体系是后人不断试验论证的结果，从低级到高级的发展并不奇怪。这种解释的潜台词就是西方之学胜于中国之学是青出于蓝而已。梅文鼎的孙子梅毂成继承了祖父梅文鼎的理念，在《数理精蕴》中说西方人是得到了中原缺佚的典籍，才发展了自己的学说；钱大昕更进一步，说祖冲之的著作在中国失传，通过契丹人带到了印度，然后落到了欧洲人手里，于是他们后来居上。连官修的《四库全书总目》评价《周髀算经》时也认为西方之学始于此书，只不过增加了试验和推理的部分，使之更加系统严密。

从这些论断中可以看出，清代学人真正在乎的并不是历算学的孰是孰非，而是整个中西学的价值高低。其中还有一个重要原因是，传教士带来的书当中，始终有一个上帝存在，这对于儒者的信仰是一个巨大的挑战。中西学的成就都摆在那里，清代学者一边将两者忠实比对，一边又不断在寻找一种心理优势，这也为西学继续进入中国留下了空间。可是到了雍正皇帝时，清政府驱逐传教士，中西文化沟通一度中断，此时的"西学中源"已经成为阻碍科学进步的工具。直到鸦片战争时期，士大夫们又开始纷纷著书立说介绍西学，但"西学中源"的思维模式已经根深蒂固。

　　在了解了当时的学术背景后，我们再来说凌廷堪。在凌廷堪访问梅文鼎故居，与梅家后人交谈之际，凌廷堪对于天文学，古时候称之为"推步之学"的领域，已留心一年有余。他常常与友人谈论天象到深夜。友人告诉他，清初的顾亭林说，夏商周三代都知道天文，看看《诗经》中的"七月流火"，虽然是农夫说的话，但是这里的"火"并非指一般意义上的燃烧起来的火，而是天上的星名，即古代所说的二十八宿中的心宿二，又叫大火星。"七月流火"的意思是说，七月大火星渐向西方，是由炎热转变为凉爽的时候。"三星在天"，是妇人说的话。"三星"是古代天文学对三个一组的星的称呼，有"参宿三星""心宿三星""河鼓三星""娄宿三星"等，其中以"参宿三星"最亮，又称为"福禄寿三星"，也就是猎户座"腰带"上最亮的三颗星，观察它们可以知道季节的变化。还有诸如"月离于毕"，是士兵的话，说的是月亮依附于毕宿。"龙尾伏晨"，是儿童的歌谣，说的是尾宿。可惜后来的文人学士读到这些都茫然不知。友人将天上星宿的名字一一告诉凌廷堪。凌廷堪还与江藩在京城共同学习天文，通过对《灵台仪象志》《协纪辨方书》及《明史》《五礼通考》中的天文记载的整理，画出星位图，晚上与星空比较，天文知识大有精进。他将自己观察到的星象以文学的形式表达出来，写成《璇玑玉衡赋》和《悬象赋》。他还自己动手，依据梅文鼎《堑堵测量》一书记载的"构故立方锥"，用质地坚硬的纸制作方直仪和立三角仪，很快掌握了三角知识；并且用纸制作了浑仪，直观地理解日月五星运行的轨迹和相互之间的关系。

在凌廷堪的文集中我们可以看到他从古文中学习天文的痕迹，在题为《读孟子》和《书苏东坡赤壁赋后》的文中，切不要以为他是在阐发孟子的思想，或是在评价苏轼的文采。《读孟子》是分析《孟子》中"天之高也，星辰之远也，苟求其故，千岁之日至，可坐而致也"这句话的天文学意义。他认为孟子这里所说的"天"就是西方人所谓的"宗动天"。根据《明史·天文一》的记载，当时由基督教传教士带来的西方天文学"其言九重天也，曰最上为宗动天，每日带各重天自东而西左旋一周"。这是地静天动之说，即地球固定不动，而整个天体围绕地球旋转，宗动天为天体中距地球最远处。而凌廷堪认为，孟子所说的"星辰"也就是恒星。孟子这句话其实说的是岁差的形成。后来由于秦代焚书，古法不传，后世学者不知其所以然。他认为西人的学说与《虞书》《周髀》完全吻合，而我们的古人对那些知识了然于胸，只是后人没有读懂他们的文章罢了。既然西人之学与古代圣人相合，那么应当兼收并采，弥补我们不足的地方，我们也不能明明借鉴了别人的东西，还要指责对方。可见凌廷堪也是持"西学中源"说的一分子，仍然认为中国学者很早已经记录下了有关天文的一些主要观点和内容，但他也没有否认西学的成就，而是要求学人该承认的地方千万不要有小人之心，当然，这是在承认这些科学成果发源于中国的前提下才有的宽大胸襟。

凌廷堪在与友人孙星衍的探讨中再次表达了自己的态度。孙星衍是清代著名的经史学家、诗文家，也是当时一位专精汉学的学者。他在给凌廷堪的书信中洋洋洒洒写了很多维护汉学的话。凌廷堪在回信中对于孙星衍的辩护"既不敢违心相从，亦不敢强辞求胜"。他认为对中西学术的高低，要实事求是地来看，西学究竟是怎么形成发展的，必须到其中去了解学习之后才能明白，不能一味地贵古贱今，认为古人没说的，后人说了就是妄作。而且西方人的天文和数学互为表里，不像中国人的占验、推步之学是两种学问。如果不信西方人的地圆说，那么八线、弧三角也就无从说起。西方人对空间的认识都是根据实测取得的，不像汉儒注经，需要看到古本的记载才算数。如果用古人的话驳斥西方的实测所得，岂不是连自己也要否定了？比如关于岁差的问题，从晋代的天文学家虞喜到明代，都没有一个很合理的说法。在外力作用下，地球自转轴在空间并不保持固定的方向，而是不断发生变化。地轴的长期运动称为岁差。欧洲人通过天文演算，以宇宙间恒星的相互作用解决了这个问题。这样的结论让人不得不服。

在《书苏东坡赤壁赋后》中，凌廷堪对"壬戌之秋，七月既望"和"少焉，月出于东山之上，徘徊于斗牛之间"作了天文学的分析。《正蒙七政随天左旋辨》，则是对朱熹订正门人蔡沉的《书集传》中对于张载《正蒙》中的"天左旋，处其中者顺之，少迟则反右矣"的极力推崇表示质疑，也就是天文学上左旋右旋的问题，凌廷堪仔细分析，指出了其中的错误。

凌廷堪本着求实进取的求知态度，对中西天文数学进行了深入的研究。他与焦循、李锐、汪莱相互探讨数学问题，被当时誉为"谈天三友"。"谈天三友"有不同的说法，有的将凌廷堪、李锐、汪莱列为"三友"，有的将焦循、李锐、凌廷堪列入，还有的则认为是焦循、汪莱、李锐。不管哪种说法是正确的，都说明了他们四人对于数学的热情和造诣。我们不妨来认识一下其他三位。

李锐（1769~1817），字尚之，号四香，江苏元和（今苏州）人。少时有过人之资，跟从历史学家，同时也是历律专家的钱大昕学习天文、数学，但在仕途上颇为不顺，屡试不第，转而潜心学问，对其师的《三统术衍钤》细加推敲，对大统历法、回回历法都有深入的了解。他先后校勘和整理了李冶的《测圆海镜》《益古演段》，王孝通的《辑古算经》，以及秦九韶的《数书九章》等数学名著。他在二十九岁的时候就写出了《弧矢算术细草》一书，次年根据对《宋书·律历志》的研究写成《日法朔余强弱考》一书。之后，李锐不断推陈出新，在数学领域大展拳脚，写出《方程新术草》《勾股算术细草》《乘除通变本末》《田亩比类捷法》《续古摘奇算法》等重要著作，这些都被收入《李氏算学遗书》之中。他还协助阮元编著《十三经注疏》，主持编纂《畴人传》等。钱大昕评价说："生平未尝轻许人，独于锐则以为胜己。"

汪莱（1768～1813），字孝婴，号衡斋，安徽歙县人。自幼家境贫寒，甚至有温饱之忧，从小勤奋刻苦，十五岁便入选国子监成为博士弟子。他生长在皖派朴学的重镇，耳濡目染同乡江永、戴震等人的学术成就，立志要通经史百家及推步历算之术。汪莱同样失意于科举，移情于数学研究，不断积累他的算学研究成果。嘉庆六年（1801），他来到扬州，结识了江藩，讨论秦九韶的《数书九章》和李冶的《测圆海镜》，这促使他写成有关方程的著作。嘉庆十二年，汪莱经过考试入选国史馆参与纂修天文、时宪的工作，继续孤独地研究数学，在四十五岁时卒于任上。他留下《衡斋算学》共七卷，还有文集。《衡斋算学》分别讨论了球面三角问题、勾股积与勾弦和及其他元素的勾股和较术问题、组合学的问题，书中还体现了汪莱最著名的方程论方面的成果。

焦循（1763～1820），字理堂，江苏扬州人，清代著名的易学家。他研究《周易》的方法运用到很多数学方面的知识，可谓别开生面。他对经史子集、天文律算都深有研究，有"通儒"的美誉。焦循在数学的研究中发现，中西的不同不是中国古代算学的鄙陋，而是两者所用名词不同，很多方法都是一样的。焦循的《释轮》论述了丹麦的第谷学派天文学中本轮、次轮的几何理论，《释椭》论述了法国的噶西尼学派天文学中椭圆的几何理论，《释弧》则论述了三角八线的产生和球面三角形的解法，这三本著作讨论数学理论，为中国学者理解西方天文学理论提供了很好的数学基础。他的其他重要作品有《加减乘除释》《天元一释》，都收在《里堂学算记》中。另外还有《开方通释》《乘方释例》等。

　　凌廷堪、李锐、汪莱和焦循四人经常以书信和面谈方式互相交流自己在数学领域的心得。遇到意见相左时，争论相当激烈。嘉庆六年，汪莱在扬州开始写作《衡斋算学》的第五册，主要讨论代数中的高次方程是否仅有一个正根的问题。稿成后，汪莱于冬天将书稿寄给正在京城参加会试的焦循，焦循于第二年的八月将书稿带到浙江李锐寓所，李锐看了汪莱的书稿后给予了"是卷穷幽极微，真算氏之最"的评价，并为这本书写了跋。可是，又过了一年，汪莱却听说李锐对自己的新著颇有讥评，急急地赶来扬州，请焦循做一个澄清。焦循便将李锐的跋文展示给汪莱，汪莱看到了李锐的评价后，顿时释然，于是又请焦循为他的书作了序。又过了两年，汪莱和李锐得以再度见面。汪莱四十五岁便离开了人世，在他的《衡斋算学》最后一册中追忆自己与李锐的友谊时，慨叹聚散离合，可见他与李锐的深情厚谊。

　　"谈天三友"讨论最激烈的其实是高次方程根的个数问题，他们的成果是乾隆嘉庆年间中国数学家重要的研究成果之一。关于高次方程的求解方法，在清代以前，约成书于公元 1 世纪的《九章算术》中就提出了完整的开平方、开立方程序。在此基础上，经北宋数学家贾宪、刘益和南宋数学家杨辉的推广，到了 13 世纪，中国已经拥有了求高次方程解的系统方法——

"增乘开方法"，南宋数学家秦九韶的《数书九章》中对此有非常详细的论述。但是这个方法只解决了高次方程的正实数根，对于是否有其他根，有几个根，正负情况如何，都没有涉及。汪莱在他的著作中首先提出二、三次方程不止一个正根，通过与李锐的讨论，他们提出一套判定方程是否存在正实数根的方法，叫作"审有无"。他们的这些结论与现在所谓的"笛卡儿符号法则"是一致的。

此外，李锐还首次提出了方程的重根问题。他还指出：方程"不可开，是为无数。凡无数必两，无无一数者"。当时虽然还没有虚根的概念，但他的这一结论为高次方程可能存在虚根（或复数根）和虚根成对的情况，以及方程根的个数等代数学基本问题，提供了进一步研究的广阔空间。

李锐和汪莱关于高次方程实根个数判定问题的研究成果，虽然在时间上晚于西方，但他们突破了宋元数学的原有范围，开辟了方程理论研究的新方向，特别是他们在中国数学史上最早开创了带有纯理论性质的研究课题，并独立取得了一定的成就，是十分值得肯定的。

二、清代的"中国科学家"们

在英国历史学家李约瑟编著的《中国的科学与文明》（《中国科学技术史》）里，面对中国古代如此辉煌的科学成就，竟然在 14 世纪至 15 世纪被西方赶超不能理解。从数学上来看，如前文所提到的，公元前 100 年产生《周髀算经》已经准确无误地描述了勾股定理，公元 1 世纪产生的《九章算术》，分方田、粟米、衰分、少广、商功、均输、盈不足、方程、勾股九章，记录了大量的算术、代数和几何学方面的知识，其中正负数、方程求解的内容也已经出现。魏晋时期的数学家刘徽在为《九章算术》作注时，发展了《九章算术》中的许多方法，纠正了其中的许多错误。他创造性地提出了割圆术，其中已经蕴含了现代数学的极限思想。南北朝时，我国著名的数学家祖冲之将圆周率计算到小数点后第七位，比西方人早了一千一百年，他与儿子共同完成的数学著作《缀术》虽然已经失传，但是其中在研究牟合方盖和球的体积时提出了"幂势既同则积不容异"的重要原理，又比西方人早了约一千一百年，这一原理在现代数学的微积分理论中起着非常重要的作用。宋元时，秦九韶的《数书九章》、李冶的《测圆海镜》、杨辉的《详解九章算术》、朱世杰的《四元玉鉴》都是非常重要的数学著作。秦九韶在高次代数方程的解法上创造性地提出了"正负开方术"，比西方人早了五百多年。由杨辉引用的贾宪的"开方作法本源图"，也就是西方人所说的"Pascal 三角形"，中国人比西方人至少早六百年。还有杨辉的"垛积术"，朱世杰的"垛积招差术"，实质上研究并解决了高阶等差级数的求和问题，而西方人是在三百多年以后才逐渐解决的。但是，在朱世杰的《四元玉鉴》出版以后直到明清时的数百年间，我国几乎没有一本有创造性的数学著作问世。而此时期的西方则是经历着文艺复兴，整个科学技术都在蓬勃发展。

到了明末清初时，由徐光启译介的《几何原本》，为中国的知识界带来了第一部几何学著作，书中不仅出现了许多专业术语的译名，还通过比较的方法将西方的数学方法输入中国，从此，三角学、测量术为中国学人所认识。之后的李善兰、华衡芳继续引进西方数学，对中国近代数学的发展起到了巨大作用。《几何原本》的传入掀起了数学学习和研究的高潮，清初学者言必称"几何"。由于当时存在历法的中西之争，一些学者试图比较中西方天文学与数学的优劣，会通中西之学，《几何原本》受到重视顺理成章。关于《几何原本》的著作也陆续出现，如方中通的《几何约》，李子金的《几何易简集》，杜知耕的《数学钥》与《几何论约》，王锡阐的《圜解》，梅文鼎的《勾股举隅》《几何摘要》《几何通解》《几何补编》，梅文鼐（梅文鼎之弟）的《几何类求》和庄亨阳的《几何原本举要》等等。

其中又以梅文鼎对《几何原本》的介绍和研究最有代表性。他通过对以《九章算术》为中心的传统数学与西方数学的比较，采取了一种使当时知识分子更容易接受的方法来推介《几何原本》。《几何原本》全书选取少量原始概念，同时给出几个几何命题，作为公理，然后逐步展开，运用逻辑推理证明其余的命题，从而得到一系列的几何定理。它的理论体系是逻辑演绎的，这与《九章算术》的实用性十分不同。《九章算术》是通过二百四十六个问题来解决人们生活中的实际需要，其中虽然也有逻辑证明，但不构成一个体系。

到了乾嘉时期，学者们已经从不断理解西方科学著作变成化为己用，撰写自己的科学著作。前文中我们所说的"谈天三友"的数学成就便是这一时期的代表。一个中国历史上从没出现过的群体——科学家应运而生，他们各自都有原来的身份，经学家、朝廷官员、爱好西学的商人等等。嘉庆二年（1797），一部中外历代自然科学家的个人传记，即《畴人传》由阮元开始着手编撰，前后历时四年。

《畴人传》收入从黄帝时期到清代的中国科学家二百四十三人，外国科学家三十七人，一共二百八十人。按学科分为数学、天文历算、历法研究、地理学、技术工艺等，星相占验或荒诞不稽之论不在其列。每个人的传记记叙了生平简历、学术特长，最后附上编者的评价。参与编撰此书的都是专门研究古代算学的学者，对传统经学也了然于心，治学态度十分严谨，其中主笔的就是前文提到的数学家李锐（时任浙江巡抚的阮元力邀李锐来杭州参与纂修《畴人传》），可见该书的学术价值。《畴人传》被后世誉为中国算学史上的《四库全书》，在之后的百年时间里该书连续补编三次，到了光绪二十四年（1898），以《畴人传四编》为限，共增补中外科学家四百三十五人。

《畴人传》是我国第一部科学家传记，开启了总结整理科学史成就的先河，也是乾嘉之际知识分子在以古典数学领域为主的科学方面的成就结晶，挖掘整理了许多传统的数学成果，比如，宋代秦九韶的"高次方程解法"和"联立一次同余式解法"、李冶的《测圆海镜》中的一百七十个用天元术解直角三角形的容圆问题，还有失传多年的《四元玉鉴》也得以重见天日。凌廷堪也被列入了《畴人传》，他的传记是由阮元的学生罗士琳在第一次增补时加入的。其中记录了他的三篇天文历算方面的文章，分别是《气盈朔虚辨》《罗睺计都说》和讨论戴震的《勾股割圆记》的内容。

凌廷堪的《气盈朔虚辨》是对由朱熹改订的其门人蔡沈的《书传》中天文学概念的指正。《书传》是当时参加科举考试时，关于《尚书》的指定参考书。但是其中关于回归年的概念有错误，凌廷堪认为有必要予以澄清。他在文中指出，太阳在黄道上绕行一周，称为岁实，地球经历春夏秋冬，一共是三百六十五天多。月球在白道上绕行一周，称为一个合朔，在地球上可看到月亮的朔弦望晦，这样循环十二次，一共是三百五十四天多。以上是两件事，古人因为不懂得节气是以太阳过黄道十二宫来判定，而将月亮的周期定为一个月，月亮圆缺十二次即为一年。但从时间上看，两者相差将近十一天，两年就会多出二十一天多，所以每三年就要增加一个闰月。北宋沈括曾经打算将一年定为二十四节气，立春为春天的第一天，惊蛰为仲春的第一天，这样就不必设置闰月了，这与西方的历法基本相同。岁实相对于十二个合朔多了将近十一天，这个称为"气盈"；而十二个合朔相对于一个岁实少了将近十一天，这个称为"朔虚"。古代推步家以一个月三十天为常数，两个节气之间如果多于三十日则称多余部分为"气盈"，不足的部分为"朔虚"，这是便于步算。凌廷堪认为由于儒家的典籍没有搞清楚这种状况就沿用术数家的计算方法，从而造成概念混淆，十分不当。

在另一篇天文学的文章《罗睺计都说》中，凌廷堪辨析了黄道和白道交点的变化和由此产生的天象的变化。文中说太阳运行的黄道和月亮运行的白道有两个交点，分别称为"月北交"和"月南交"，也就是"罗睺"和"计都"。这两个词在沈括的《梦溪笔谈》中就有记录，是由唐代流传下来的，是印度占星学派的概念。黄道和白道的交点不是固定的，每二十七天多就会在黄道上向西退一度半不到，约不到二十年就遍布整个黄道。那么只有在农历初一，也就是朔日时，太阳、月亮和地球才会出现在一条直线上，产生日食；同样地，只有在农历十五，也就是望日，才会产生月食。凌廷堪将这两个概念从占星学的迷雾中解脱出来，还以正确的科学解释。

另外，凌廷堪就弧三角的问题给焦循写了一封信，信中对戴震的《勾股割圆记》作了评价。戴震是乾嘉学派的中坚人物，在他写作训诂注疏方面著作的同时，还写出《原象》《历问》《历古考》《策算》《勾股割圆记》等著作，只是他朴学的成就更加出名。他计算和测定了《考工记》中提到的古代礼器铜钟的形状与尺寸，并且准确地恢复了铜钟的原形。在担任四库馆馆臣之际，他负责算学部分，整理出了中国古代的《周髀算经》《五经算术》《海岛算经》《孙子算经》《张丘建算经》《夏侯阳算经》《五曹算经》等十部算经。他的《勾股割圆记》就是以中国传统的勾股弧矢、割圆术为依据，推演三角学的基本公式，以求中西算学之会通。戴震在书中对梅文鼎的《平三角举要》和《弧三角举要》的方法进行补充，并更改其中所用的概念，换上新的名词，如角称为觚，边称为距，切称为矩，分弦称为内矩，分割称为经，同式形之比例称为同限相权。但奇怪的是，经和纬的定义却颠倒过来。本来与赤道平行的叫作纬线，与赤道垂直的叫作经线，但戴震根据《易经》和《易纬》，以南北为纬，东西为经。凌廷堪对戴震擅自改动名称、贻误后学的做法十分不满，说："夫古有是名而云今日某某可也，今戴氏所立之名皆后于西法，是西法古而戴氏今矣，而反以西法为今，何也？"

从乾嘉时期开始，掌握天文历算开始成为一个学者的必要素养，从而引发了学者们学习西方科学、整理中国科学成果的热情。凌廷堪没有专门的天文学或者算学的著作传世，但从他留下的文字和参与历算讨论的记录来看，他不失为一个可以在科学领域受到尊重的专家。他与其他清代学者一样，一边在心理上平衡中西学术的价值，一边积极会通中西之异，成为东西方文明交汇处的弄潮人。

第5章

创例《礼经》

　　凌廷堪并没有作出多少为世人瞩目的事业，与他一生相伴的就是做学问以及与学友们进行学术交流。虽然他在史学、文学与自然科学方面都很有成就，但是真正称得上对学术有所贡献的，则是他对儒家经典中的《仪礼》之学的孜孜探索和积二十一年之功完成的《礼经释例》一书。在中国古代的儒家经典中，《仪礼》相对于其他经典来说，是一部非常枯燥难懂的经书，所以很多古代学者一般都不愿去研究它，即有所谓的"仪礼之家纷如聚讼"的说法，然而凌廷堪依靠他的毅力和睿智，不仅摸索着进入《仪礼》的核心，而且成功地为后来学者研读《仪礼》开出了一条宽阔平坦的必由之路，正如他在《礼经释例》序言中所说的那样："聊借为治丝登山之一助，知礼君子矜其失之烦而规之，则幸其焉。"

一、活着的传统：三千年的礼学

在古代中国，读书人学的是"六艺"，而这六门学问的经典读本就是《诗》《书》《礼》《易》《乐》《春秋》，它们由上古一直流传至今。其中的《礼》说的就是礼仪制度。中国素称礼仪之邦，历代王朝都非常重视礼制。每一个王朝建立后，皇帝都要物色当时精通礼学的专家，来制定一套礼仪。不仅朝廷重视礼仪，社会生活的各个层面和普通百姓的日常生活中无不渗透着礼，甚至可以说正因为有了礼制，从中央到地方的各种政务才能层层展开，社会生活才会变得井然有序。时至今日，只要稍许留心一下就会发现，礼的相当部分的内容在现代人的生活中同样起着重要的作用。

历代的统治者和那些抱有出仕治国理想的读书人，都希望通过对礼学经典的研究，延续已经形成的从国家到家族的一整套制度，以保持稳定的人伦秩序，实现国泰民安、君明臣贤的社会理想。所以在符合礼义的原则下，结合时代的变化，人们对礼制和礼仪进行调整，希望能够再现经典中时常追忆的上古那种安详和乐的"黄金时代"。于是，对礼学的三部经典《仪礼》《周礼》和《礼记》的研究便形成了所谓的"三礼学"。

一般认为，三礼中的《仪礼》是先秦各项礼仪的记录汇编，是在公元前 5 世纪中期到公元前 4 世纪中期的一百年中，由孔子的弟子和后学陆续编写而成。《周礼》是战国时人参考西周、春秋时代的文献以及当时的现行制度，又结合作者的理想写成的。《礼记》的作者有孔子后学，也有汉代儒生，该书是儒家对先秦礼仪和礼义的阐发，主要篇目由汉代礼学家戴圣编定。为了有助于对礼学的进一步了解，这里将古代礼学的发展历程作一些简要的介绍。

人们常说孔子的学说是在春秋"礼崩乐坏"的时代孕育的，孔子的主张是希望国君们采用他的以"制礼作乐"为主的政策来治理国家，同时又以君民高尚的德行来显示国家强大的精神力量和持久的生命力，他认为恢复周代的礼仪便能达到这个目的。可是，孔子周游列国，处处碰壁，遇到的君主几乎都只知道使用武力，根本没有经营文明的耐性。孔子心灰意冷，退而收徒讲学。既然"上层路线"走不通，那么就从民间开始吧！他以"仁"来解释"礼"，将原来局限在贵族阶层的礼推向民间，致力于所谓的"礼下庶人"。如《礼记》上说"孔子射于矍相之圃，盖观者如堵墙"。这是说孔子在演习乡饮酒礼。又如孔子在离开曹国去宋国的途中，与弟子们一起在大树下操练礼仪。一边是仪式被保留和传授，一边又有相关的记录落成文字，这些都可视为中国礼学的发轫。

秦朝在政治上结束了分裂的局面，然而秦始皇焚书坑儒的文化政策也导致了礼学没能得到进一步的发展，但是礼学仍在默默地流传。史载楚汉相争时，刘邦举兵围困鲁国，但是鲁国儒生照旧"尚讲诵礼乐，弦歌之音不绝"。

汉代开国皇帝刘邦原本只是个市井无赖，平时好吃懒做，爱说大话，贪酒好色，还常借钱不还。然而当秦末大乱之际，刘邦奋起草莽，提三尺剑取天下，成为中国历史上第一个起于社会下层的皇帝。他对儒家的礼乐十分反感，甚至将儒生戴的帽子当作尿壶来使用。可是这位草莽皇帝一坐上金銮殿，看见满屋子的臣子穿戴随意，举止放肆，自己毫无威严可言，十分恼怒。此时一个名叫叔孙通的儒生向他建议制定宫廷礼仪，说此项礼仪一旦实施，皇宫里将立刻气象一新，刘邦十分高兴，于是同意重新制礼作乐。于是，叔孙通奉命到保存礼乐最好的鲁国故地征召了约三十名儒生到长安，协助制定及演习宫廷礼仪。公元前200年，长乐宫落成，刘邦首次使用叔孙通制定的宫廷礼仪进行新年朝会。司马迁在《史记》中记载了这次朝会的盛况：

天亮时分，由谒者掌礼，来访者依次进入殿门。宫中设有车骑、步卒守卫，以及兵器、旗帜等。殿上传言"趋"，殿下郎中侠陛，陛数百人入殿。功臣、列侯、将军及其他军官在西列队，向东而立；文官自丞相以下在东列队，向西而立。大行依爵位高低宣示来宾上殿。于是皇帝乘辇出房，百官手执帜而传警，引诸侯王以下至领六百石薪金的吏员依次奉贺。这时，自诸侯王以下，各人无不肃然起敬。礼成后开始酒会，宫内侍从坐在殿上，全部伏下，以来宾尊卑依次敬酒。九觞酒后，谒者宣布"罢酒"。御史在场内执法，见到不依礼仪的人便立刻把他带走。整个酒会过程中都没有人敢喧哗失礼。

刘邦对这次朝会非常满意，终于尝到了身为皇帝、受万众景仰的滋味。他立刻委任叔孙通为太常，并赏赐黄金五百斤，对随同叔孙通入京的那些儒生也都一一授予了官衔。

汉武帝时，独尊儒术，罢黜先秦以来其他各家的学说，

《仪礼》一书被立为官学。东汉时，郑玄破除门户之见，博采众长，对礼学的三部经典都作了注解，从此才有了"三礼"这个名称，郑玄也就成为中国研究礼学的鼻祖。

东汉末年，研究《仪礼》的学者都严格采用郑玄的解释，没有人提出异议。魏晋时王肃编写《三礼解》和《仪礼丧服传》，指出郑玄对三礼的解释是错误的。王肃在书中处处与郑玄的礼学观点唱反调，在当时影响颇大。于是到了南北朝时，礼学研究便出现了北方学者以郑玄的解释为主，而南方学者则以王肃的解释为主的不同格局。然而无论是北方或南方，两派学者都有一个共同特点，那就是对《仪礼》中的丧服制度表现出浓厚的兴趣，这也成为魏晋南北朝时期礼学研究的独特现象。到了唐代，经学大师孔颖达编写了《礼记正义》，贾公彦完成了《三礼义疏》，成为后代研究礼学的人必须参考的著作，礼学经典在这个时期也正式成为官员的必修科目。

宋代理学盛行，学者研究礼学，重在阐发"义理"。但是自从北宋王安石编写了《三经新义》，提倡变法后，汉唐以来的《仪礼》之学便被打入了冷宫，从此读书人不再研习。等到学者重新拾起"三礼"的时候，已经到了南宋时期。如南宋大思想家朱熹著有《仪礼经传通解》和《朱子家礼》，前者是对《仪礼》的解释，后者则凝结了作者推广礼仪的良苦用心。《朱子家礼》在明清两代流传至全国，家家户户操办婚庆丧祭都参照此书，真正实现了圣人一再强调的"礼下庶人"的宏愿。

元明之际，礼学的研究日趋萧条，礼学经典几乎无人问津。到了清代初期，随着儒家经典的重新被认识，礼学研究也出现了复兴的势头。后来又经过乾隆和嘉庆两朝考据学家的努力，三礼之学成为研究儒家经典的热点，礼学名家和名著不断涌现。那么《仪礼》究竟讲了些什么呢？

二、一部保留古代礼仪的经典

我们在前面已经说过，《仪礼》是先秦时期各项礼仪的记录汇编。最早的礼仪是出于政治的需要，主要为贵族子弟而设置。如孔子在《论语·先进》中说过"为国以礼"，《荀子·大略》中也有"为政不以礼，政不行也"的话。由于贵族子弟经常举行盛大的典礼，仪式的每个步骤都不能出现错误，所以需要对一些仪式进行反复操练和演习，而操练与演习这些仪式就需要有专门的书籍作为依据，《仪礼》便是供贵族子弟学习仪式的书。

《仪礼》在汉代被称为《礼》或《士礼》，有时候也称《礼记》，到了晋代才开始定名为《仪礼》。《仪礼》共有十七篇，它并不完全包括先秦时期的所有礼仪，比如，在十七篇中的《士冠礼》中记载当时还有《公冠礼》和《大夫昏礼》等。现在我们看到的《仪礼》篇次，是东汉郑玄根据西汉经学家刘向所作《别录》中的次序排定的，即士冠礼第一，士昏礼第二，士相见礼第三，乡饮酒礼第四，乡射礼第五，燕礼第六，大射仪第七，聘礼第八，公食大夫礼第九，觐礼第十，丧服第十一，士丧礼第十二，既夕礼第十三，士虞礼第十四，特牲馈食礼第十五，少牢馈食礼第十六，有司彻第十七。根据郑玄

《三礼目录》记载，西汉礼学家戴德、戴圣传授《仪礼》的文本篇次都与刘向所定的不同。此外，1957 年 7 月在武威磨嘴子6 号汉墓中出土的《仪礼》简，共七篇：士相见礼第三，服传第八，特牲第十，少牢第十一，有司第十二，燕礼第十三，泰射第十四，又与之前三者不同。经专家考证，这是早在汉代时另外一位叫庆普的礼学专家所排定的《仪礼》篇次，也是当时经师诵习的《仪礼》的主要文本。其实，不管戴德、戴圣、庆普的篇次如何不同，他们的系统性却都是一致的。

在了解了《仪礼》十七篇的篇次之后，我们按照郑玄所注释的《仪礼》的篇次再来看看这部经典的主要内容：

第一，士冠礼：包括天子、诸侯在内一切贵族男子二十岁时行加冠礼，并命字，以示成年。本篇详细记述行冠礼的过程、礼器、仪节和行礼时的致辞。篇末简要说明了冠礼在夏商周三代的沿革和行冠礼的意义。

第二，士昏礼：汉族先民的婚礼在黄昏时进行，故而称作"昏礼"。本篇记述了士成婚的过程，包括纳采、问名、纳吉、纳征、请期、亲迎六道程序，是继冠礼（男）、笄礼（女）之后人生的第二个里程碑。

第三，士相见礼：记述士君子相见时的礼仪，依次述及士见大夫、大夫相见、士大夫见君的礼仪。包括士与士初次相见的介绍、礼物、应对、复见等程序。

第四，乡饮酒礼：记述乡人在固定的时间聚会宴饮的礼仪。在宴饮中，长者坐，幼者立，老者多食，小者少食。《吕氏春秋》认为这是古时乡人因时而聚，在举行射礼之前的宴饮仪式。周代时，以致仕之卿大夫为乡饮酒礼的主持人，贤者为宾，其次为介，又其次为众人。仪式严格区分尊卑长幼，升降拜答都有规定。此礼的意义在于序长幼，别贵贱，以成孝悌和敬长养老的风尚。

第五，乡射礼：乡射礼是州长在春秋两季会民习射之礼。《仪礼》中还有一篇《大射仪》，大射仪则是诸侯与群臣习射之礼。乡射礼前必先行乡饮酒礼，大射仪前必先行燕礼。此礼的意义是通过比习技艺，观德司乐，正己之志。

第六，燕礼：记述诸侯宴饮的礼仪。述及宴饮的器物、君臣位次、宾主的礼节和交接应对、射箭等程序。此礼表明了贵族森严的等级。

第七，大射仪：记述诸侯在朝觐、会盟、祭祀、息燕等重要典礼时与群臣习射的礼仪。包括射前准备、器物摆放、射日礼节、赏罚等。行此礼不为争胜，而是司习礼乐。

第八，聘礼：记述诸侯之间相互聘问的礼仪。先是聘前谋事、任命使者、备礼、受命、告祢，然后过邦假道、预习威仪、至境迎入、入境展币、主国郊劳、致馆设飧，接着行聘享之礼和主君礼宾等，最后使者返国。此礼实为外交礼仪。

第九，公食大夫礼：记述主国国君以礼食招待前来小聘的大夫的礼仪。

第十，觐礼：记述秋天诸侯觐见天子的礼仪，包括觐见前天子赐馆、知会觐期、觐见时的三享、天子赐车服、会同和巡守等程序。

第十一，丧服：记述天子以下，人死后相互哀丧的礼仪和着装。按照亲亲、尊尊、名、出入、长幼、从服的原则，对丧服的等级、丧期长短、礼节轻重作了详细的区分。

第十二，士丧礼：记述士阶层的丧礼和士丧父母后的礼仪，不通用于其他阶层。大致包括为死者招魂、覆衣缀足、君主和亲人的吊唁、小殓和大殓、朝夕哭、下葬等礼仪。

第十三，既夕礼：与前一篇《士丧礼》本来是一篇，因篇幅长而分为二。本篇记述下葬前二日至下葬当天的礼仪。

第十四，士虞礼：记述士安葬父母后回到殡宫举行的安魂礼，是《士丧礼》和《既夕礼》的延续。包括殡宫陈设、主客之位、迎尸、妥尸、飨神、飨尸、献尸、送尸、送宾等程序。

第十五，特牲馈食礼：记述诸侯之士在每年固定的时候祭祀祖祢的礼仪。"特牲"指豕，"馈食"指用食。天子用"大牢"，大夫用"少牢"，以区别身份。

第十六，少牢馈食礼：记述诸侯之卿大夫在庙祭祀祖祢的礼仪。

第十七，有司彻：与前一篇《少牢馈食礼》本为一篇，内容基本一致，因篇幅长而分为二。

《仪礼》所记载的礼仪，曾经给予后世十分深远的影响，如冠、婚、丧、祭等礼节一般都为后世的人们所承袭，人们也会自觉遵守经典的记述，只是在某些细节方面略有增减或调整，比如，"乡饮酒礼"一直沿用至清代道光年间才因财政问题而被迫废止，这体现了礼在这个古老国度的不竭活力。但是，由于《仪礼》的内容比较枯燥难懂，一般人都不敢轻易以此书作为研究对象。梁启超曾说"穷年不能究其礼"，可见研究《仪礼》的艰辛程度。宋、元、明三朝,可以说三礼之学完全衰熄。到了清代乾嘉的时候,虽然有很多学者从事礼学研究,如江永、惠栋、杭世骏、沈彤等学者对《仪礼》作过一些研究,但他们仅仅局限于对《仪礼》中的某项礼仪进行专门考索。如沈彤只取《仪礼》的士冠礼、士昏礼、公食大夫礼、丧服、士丧礼五篇进行注解疏证。而对《仪礼》的全面清理和贯通,并在此基础上归纳礼例的研究则很缺乏。凌廷堪编写了《礼经释例》一书,才把非常难读的《仪礼》梳理成了人人可读的经书,使这部古老的经典焕发出新的活力。

三、别开生面的礼学研究

凌廷堪开始展开对《仪礼》研究的时候,已经三十一岁了,从酝酿到动笔写作《礼经释例》,经历了长达五年的长时期思考。他研究《仪礼》,首先是以手抄经书的形式开始的。由于是抄书,所以需要选择一个好的本子。可是,在当时要寻找一本《仪礼》的善本也是一件非常困难的事情。乾隆五十二年(1787),当时凌廷堪身处翁方纲幕府,客居南昌,他从友人谢启昆那儿得到了明代正德年间的《仪礼》刻本,这是当时流行的诸多版本中最好的一种,书中错误较少,学术价值很高。于是他便以此刻本为基础,然后结合唐代贾公彦的《仪礼疏》、清代礼学家张尔岐的《仪礼郑注句读》、清朝钦定的《仪礼义疏》和清代著名思想家戴震所著的校本一起对照,并借助南宋杨复的《仪礼图》的帮助,对各种不同版本的《仪礼》进行了仔细的校勘。在校勘过程中，他发现《仪礼》所记的礼仪程序在很多地方都是前后重复的，他认为这就是造成《仪礼》难读的主要原因之一。于是他仿照《尔雅》的体例，将他阅读《仪礼》的心得先编写成《礼经释名》。我们知道，《尔雅》是中国第一部字典，将汉字分成"释诂""释言""释训""释亲"等十九个门类进行解释。凌廷堪也将《仪礼》中许多不断重复出现的名物归为一类，以清眉目。经过几年的努力探索，凌廷堪渐渐发现《仪礼》一书与其他经书相比显得十分特殊。这种特殊主要包括两方面：一方面，礼器、礼服以及很多烦琐的仪式名称，是静态的；另一方面，礼仪主要是一种实践活动，所以它又是动态的，因此单靠静态的训诂名物的研究，完全不能穷尽其中的奥秘，必须用"例"才有可能明白无误地把古代的礼仪讲清楚。凌廷堪在《礼经释例序》中曾详细论述了他编撰《礼经释例》一书的初衷和全过程：

> 《仪礼》十七篇，礼之本经也。其节文威仪，委曲繁重。骤阅之如治丝而棼，细绎之，皆有经纬可分也；乍睹之如入山而迷，徐历之皆有途径可跻也。是故不得其经纬途径，虽上哲亦苦其难；苟其得之，中材固可以勉而赴焉。经纬途径之谓何？例而已矣。……不会通其例一以贯之，只厌其胶葛重复而已耳，乌睹所谓经纬途径者哉！
>
> 廷堪年将三十，始肆力于是经，潜玩既久，知其间同异之文与夫详略隆杀之故，盖悉体夫天命民彝之极而出之，信非大圣人不能作也。学者舍是奚以为节

性修身之本哉！肆习之余，心有所得，则书之于册。初仿《尔雅》，为《礼经释名》十二篇。如是者有年，渐觉非他经可比，其宏纲细目必以例为主，有非诂训名物所能赅者。乾隆壬子，乃删芜就简，仿杜氏之于《春秋》，定为《礼经释例》。

所谓"例"，是指经典结构的构成原则。一部经典总有其著书的主旨和体例，但是经典本身是不会把体例写明的，需要读者自己揣摩。找到了其著书的主旨和体例，也就找到了研读和理解经典的锁匙和门径，这也是传统经学研究的一般方法。经学研究，重在考察现象，并从经验性材料提升到一般通例、分例，从而揭示对象内在的、规律性的联系。阮元曾说："稽古之学，必确得古人之义例。执其正，穷其变，而后其说之也不诬。"凌廷堪会通《仪礼》的礼例，也正是这种治经方法下的产物。

凌廷堪不是第一个想用"例"来解《仪礼》的学者，而是第一个用这个方法解经成功的人。凌廷堪在归纳《仪礼》的"例"的过程中，曾经得知江永和杭世骏也作过类似的努力，他恐怕做重复劳动，因而一度中断对《仪礼》的研究。后来，当他阅读了江氏和杭氏的著作之后，才明白他们研究《仪礼》其实并未真正涉及礼例问题。如杭世骏所编写的《礼例序》，只是强调《周礼》和《仪礼》的整合，而从他的一些论述来看，他对《仪礼》礼例的了解也十分有限。又如江永也写过《仪礼释例》一卷，收在《四库全书存目》中，但是只有《释服》一类，文字也不多，其中所使用的方法也与礼例相去甚远。正是通过与这些类似著作的比较，凌廷堪才知道自己所发现的礼例的真正学术价值。

乾隆五十七年（1792），凌廷堪在已经初具规模的《礼经释名》的基础上删芜就简，博引群经，对《仪礼》中的礼例进行全面的清理和归纳，并将书名正式改定为"礼经释例"。此后，这部《礼经释例》伴随着凌廷堪一起走到生命的最后岁月，其间历经五次修改，前后长达二十一年，是凌廷堪生前用力最深的一部学术著作。所以《礼经释例》一出版，就被钱大昕称誉为"尊制一出，学者得指南车矣"。在今天看来，凌廷堪的《礼经释例》可以说是阅读《仪礼》一书的最重要的导读书。综观全书，大致有以下几个重要特点。

繁文缛节，迎刃而解

凡阅读过《仪礼》的人，都会被这本书中所罗列的各种名称和仪式弄得晕头转向，兴味索然，所以想要读懂必须借助古代学者为该书所作的注解。即使如此，往往好不容易记住了一个名称又忘了前面一个名称，真是千头万绪，不知从何下手。于是研究《仪礼》的学者大多只是停留在辨析名物或者汇集他人的注释而已，更不用说进行有系统的研究了。凌廷堪认为初读《仪礼》之人就像遇到了一团乱麻，不知所措，但如果细细读起来，会慢慢发现读《仪礼》其实是有窍门的。如果不知道这个窍门，即使是天才也会望而却步，而如果将这窍门揭示出来，一般的人也可以读之如履平川，而这个窍门就是"例"。

《礼经释例》全书将礼例分成八类，其中通例四十例，饮食例五十六例，宾客例十八例，射例二十例，变例（丧例）二十一例，祭例三十例，器服例四十例，杂例二十一例，共二百四十六例。这些"例"都是从各个不同的礼仪中归纳总结出来的。每一种礼仪的步骤少则数十，多则近百，其中的器物、陈设、位置、称呼等更是不计其数，前人虽然对之都有解释，但大都随文起意，礼仪进行到哪里，就解释到哪里。凌廷堪则将这些散在各处的解释进行同类合并，以一拢十，这样一来，成千上万的规矩到了他的手里就压缩成了二百四十六条礼例。如以饮食礼例来说，就分别出现在《乡饮酒礼》和《有司彻》两篇中，前者说的是乡人在固定的时间聚会宴饮时所行的礼仪，后者则是诸侯之卿大夫在宗庙祭祀完毕后所行的礼仪，两者的行礼过程中都有饮酒这一程式。凌廷堪通过对两者的比较，认为它们之间的礼仪是相通的。在《有司彻》所记录的祭祀中，通常由死者的长孙代表死者受祭，称为"尸"，承担这个角色的人，就相当于《乡饮酒礼》中的宾客，而《有司彻》中承担助祭者的"侑"，又相当于《乡饮酒礼》中的"介"，即主人与宾客交接时的中间人。那么《有司彻》中的主人向"尸"敬酒、主人向"侑"敬酒、"尸"回敬主人酒就分别相当于乡饮酒礼中的主人向宾客敬酒、主人向"介"敬酒、宾客回敬主人酒；同样的，《有司彻》中主人再次向"尸"敬酒，"尸"接过酒杯将之放在一边的动作，就相当于乡饮酒礼中主人再次向宾客敬酒时，宾客接过酒杯也只是将酒杯放到一边而不再饮。两种仪式中，宾主之间最后相互敬酒的礼仪也是一样的。凌廷堪指出，这两种礼仪虽然名目不同，角色的名称也不一样，但仪节是一致的，这就是《仪礼》礼例中的异中之同。

当然，《乡饮酒礼》和《有司彻》中的饮酒也是有所差别的，毕竟一个是教导世人明白尊卑长幼之序的道理，而另一个则是为祭奠祖先之礼，两者的隆重程度是不一样的。《有司彻》在向"尸"敬酒、向"侑"敬酒和"尸"回敬主人酒时，现场设有豆笾、牢俎、匕湆、肉湆、燔从这些祭品和礼器，但在《乡饮酒礼》中，这个部分只有荐和俎两种物品而已；《有司彻》中向"尸"和"侑"敬酒的仪式一共要进行三次，分别由主人、主人的妻子和最尊贵的宾客来行使，但在《乡饮酒礼》中，主人敬一次酒就可以了；《有司彻》中主人在向"尸"和"侑"敬酒结束后，还要向最尊贵的宾客敬酒，接着，还有主人自己饮酒后再次向宾客敬酒的程序，但在《乡饮酒礼》中只有主人向所有宾客敬酒的程序而已。凌廷堪指出，这两种礼仪虽然程序一致，但在不同的礼仪中，动作的次数和陈设器物上都显示出礼仪隆重程度的差别，这就是《仪礼》礼例中的同中之异。

其他如《聘礼》，它是国君与使者的宾客之礼，当使者与君主行礼完毕后，还须问候主国的三卿，并向他们赠礼，其程序和《士昏礼》中纳采、纳征的程序相通；问候三卿中的授束帛，昏礼中的授雁，与享礼中的授璧之礼相通；《士昏礼》中使者礼毕后的主人礼宾和《聘礼》中聘宾礼结束后的主国之君礼宾之礼相通；《特牲馈食礼》和《少牢馈食礼》是不同的礼仪，但其中的为尸饭、主人初献、主妇亚献、宾长三献、祭毕饮酒的礼仪相通；《乡射礼》和《大射仪》是不同的，但其中的为司射诱射、初射不释获、再射释获饮不胜者、三射以乐节射饮不胜者的礼仪相通。《礼经释例》所提供的就是这样的类比,举一反三,触类旁通。凌廷堪仿佛庖丁解牛一样,将嚼不动的《仪礼》一件一件拆开,所有的繁文缛节迎刃而解。

仪中求例,例中求礼

从眼花缭乱的礼仪中归纳礼例,从礼例中体会礼仪蕴含的意义,是凌廷堪研究礼学的宗旨所在。由于《仪礼》所记录的每个礼仪中都有名目繁多的各种礼器,而这些礼器因年代久远,很多已不为后人所熟悉,所以历代为《仪礼》作注解的学者,每遇到一样礼器,便会告诉你关于这件礼器的一些历史信息,往往是第一次说它的用途,第二次说它的尺寸大小,第三次说它的容积,然后再结合上下文的情境,突出强调这件礼器在礼仪方面的功能。然而,作为一般的读者来说,他不可能为了某一种礼器,将《仪礼》或《周礼》彻底查找一遍,然后将书中相类似的解释汇集起来加以考察。而凌廷堪所编写的《礼经释例》正是为后人阅读《仪礼》做好了这方面的工作。《礼经释例》对礼器的解释,主要是借助了南宋学者杨复的《仪礼图》。据《四库全书总目提要》介绍,《仪礼图》"节取旧说,疏通其意,各详其仪节陈设之方位,系之以图,凡二百有五",而且"皆依《经》绘像,约举大端,可粗见古礼之梗概,于学者不为无裨"。凌廷堪的主要工作便是对这些图案作出文字说明,写出这些礼器的作用。比如《仪礼》所列的各种仪式中,盛放牺牲的器皿就有很多门类,凌廷堪则以极为简要的语句给

予概括：凡烹牲之器曰镬；凡升牲体之器曰鼎，出牲体之器曰
匕；凡载牲体之器曰俎。又如各种礼仪中都有宾主饮酒的环
节，但是主人敬宾客和宾客回敬主人都有不同的称法，有时经
文中只描述某一种举动，不出现主语，因此不了解这些名词的
含义，也就无法知道到底是谁与谁在推杯换盏，凌廷堪将饮酒
的礼仪概括为：凡主人敬宾之酒谓之献；凡宾报主人之酒谓之
酢；凡主人先饮以劝宾之酒谓之酬；凡酌而无酬酢曰醮。这样
一来，无论经文作了怎样的省略，饮酒的程序又如何复杂，只
要记住这些专门的用语，饮酒礼仪的整个过程一下子就变得一
清二楚了。

　　不过，凌廷堪并不仅仅停留在归纳出《仪礼》的礼例，他
还在礼例之间求得贯通与统一，诚如他在《礼经释例序》中所
强调的："不会通其例一以贯之，只厌其胶葛重复而已耳，乌
睹所谓经纬途径者哉！"所谓"一以贯之"，就是在一般的礼例
通则的指导下，考察其中那些有所差别的特殊现象。如他在解
释《仪礼》中"并授受""讶授受"的礼仪时，就归纳出了
"凡授受之礼同面者谓之并授受"和"凡授受之礼相向者谓之
讶授受"两种不同的方式。其实所谓"并授受"与"讶授
受"，主要是说主客之间互相授受物品时双方面孔朝向的位置，
一种是双方并排站立面朝同一方向，一种是面对着面的。从现
代人的角度来看，主人与客人无论是面对面或者并排站立，这
并没有什么大碍，但是在古代却关系重大，它直接体现了礼仪
对行礼双方地位尊卑的设定，假如搞错了，就是失礼，会造成
双方很大的误会。

比如，在士昏礼第一个环节"纳采"中，男方派使者去女方家提亲，并行纳采礼，这时使者必须携带一只雁作为求婚的礼物，而女方的父亲则在自己的家庙中迎接，使者来到女方住处后，首先要在女方的庙堂两根楹柱之间授雁，此时他应该面朝南。郑玄将这个礼仪程式解释为"并授"，而贾公彦则认为从经文的具体内容来看，并没有女方主人和男方使者之间的区别，所以当他们在传递雁的时候，双方都是面朝南的。

再如聘礼，国君要把送给他国的礼品托付给使者，此时，总领百官的冢宰首先要按照礼单的名目准备，并向君主报告礼品已经准备完毕，然后把礼单交给使者，使者接过礼单，在验收了所有礼品后，随后转交给随他出访的官员。郑玄认为，在这个环节中，双方在受和授时都是面朝北面的，也就是并排站着进行交接。第二天，使者出发之前，君主要赐命于他，同样会发生授受的程序，仍然由冢宰拿着象征君命的玉圭，从国君的左侧将玉圭授予使者，使者接受表示领下任务。郑玄认为这个过程中冢宰和使者也是一同面朝北而"并受"的。所以说行礼的双方面朝相同的方向授受的话就叫作"并授受"。既然要交接物品，为什么不面对面地进行，还要分面对面和不面对面呢？因为在聘礼中，君的地位是很尊贵的，他不会亲自向使者行礼，而是通过冢宰来完成，但是冢宰和使者授受时，要考虑到君的在场，所以必须一同朝着北面，面向着君的位置行礼，即"并授受"。

"尊者不与卑者行礼"是礼仪中的一条重要规则。如士昏礼中新郎的父母，也就是新娘的公婆是不会亲自给新娘斟酒

112

的，一般都由昏礼的司仪代理，而新郎新娘在行礼的时候是一同面向新郎的父母的。换句话说，如果在礼仪中看到两个人的授受动作都是面朝着某一人的方向完成的，那么就知道这三人身份地位的高低了。

当然，在聘礼中还有双方在行礼时必须是面对面的礼仪。比如，使者肩负着使命到达了主聘国的近郊，主聘国的君主派出卿拿着束帛前去慰问远道而来的宾客们，卿在表明来意后，进入使者的馆舍，面向东传达自己国君的命令，使者面朝北听取命令，此时卿与使者是面对面行礼的。贾公彦认为此处就是表现尊卑的"讶受"之法。待使者正式面见主国的君主时，谈完公事，君主就会设宴款待使者，这时他要亲自将摆放食物的几案授予使者，此时国君朝向东南，从臣子的手中接过几案，走上前，面朝西，助仪者请使者受几，使者上前，从国君手中接过几案，此时使者面朝东，也就是说，君主与使者一个面朝西，一个面朝东，相对而立，这同样也是"讶受"的形式。

总之，凌廷堪总结了《仪礼》中授受之例后，认为在尊者面前，都应该面向尊者行礼，而没有尊者在场的情况下，则面对面行礼即可。显而易见，凌廷堪的"仪中求例"与"例中求礼"，不仅将《仪礼》的主旨勾勒了出来，而且将原来湮没在《仪礼》中事关重大的细节也一一揭示出来了，从而为他更深入地探讨三礼之学以及会通群经奠定了必要的基础。

辐射三礼，会通群经

翻看《礼经释例》的目录，我们还可以看到在每一章的末尾还附有讨论礼学中某一个问题的专论。比如，《周官九拜解》《周官九祭解》《仪礼释牲》《觐义》《周官乡射五物考》《射礼数获即古算位说》《封建尊尊服制考》《诗楚茨考》《论语黄衣狐裘说》等等。这些讨论礼学的专论，与一条条简明扼要的礼例相比，所选择的角度自然更加宽泛一些，从而可以涵盖更多的内容，这不仅有利于人们阅读《仪礼》《周礼》和《礼记》这三部礼学经典，而且还能提供礼学的知识帮助阅读其他的经典。下面我们略举二例来谈谈凌廷堪是怎样解决一些与礼学相关的问题的。

关于"九拜"的问题。古代人们行礼有九拜，它起源于《周礼·春官·大祝》："辨九拜，一曰稽首，二曰顿首，三曰空首，四曰振动，五曰吉拜，六曰凶拜，七曰奇拜，八曰褒拜，九曰肃拜。"对于这"九拜"之礼，郑玄和贾公彦都曾经作过解释，然而凌廷堪觉得他们的解释语焉不详，于是又找了很多古人专门解释拜礼仪节的文章来阅读，还是觉得没有说清楚。于是，他通过对《仪礼》中"拜"的分析和归纳，又对照《左传》《尚书》《礼记》中所记载的实例，终于弄清了这"九拜"到底是怎么回事。他认为：稽首，是臣子对君主所行的礼，是两手相击，振动其身拜下后，两手着地，拜头至地，停留一段时间。此礼用来表示最大的尊敬，是拜礼中最隆重的一种。顿首，是引头至地，稍顿即起，是两个地位相等的人相互行的礼，这个礼在《仪礼》中没有明确出现过，但是凌廷堪在《左传》中找到了例子，并通过贾公彦的解释得到证实。空首，是君主答拜臣子之礼，拜头至手即可，所以又叫作"拜手"。

振动，是两手相击，振动其身而拜，这个礼主要用于丧礼中。不过，对于"振动"之礼的说法，各家不完全相同。凌廷堪认为连郑玄在这点上都没有得其要领，反而是注释《左传》的杜预说到了点子上，"振动"就是丧礼中对死者跪拜然后顿足而哭的动作，表示吊唁者极大的悲恸，其隆重程度相当于稽首。吉拜，是先拜而后稽颡，即将额头触地。凶拜，先以额贴地再拜，是丧礼中行的拜礼，与吉拜的动作顺序正好相反，但两者都在凶事中才使用。奇拜，先屈一膝而拜，又称"雅拜"，是只拜一次的拜礼。顿首和空首也都可以叫作"奇拜"，具体要看是在什么礼仪中。褒拜，连续拜两次的拜礼，是行拜礼后为回报他人行礼的再拜，也称"报拜"。所以稽首礼一定是褒拜，但顿首和空首就不一定是了。肃拜，专指妇人行的拜礼，一般只要低头行礼即可，但遇到丧事时，需要手及地行拜礼，以示隆重。总之这九种拜礼中，稽首、顿首、空首是遇吉事时行的拜礼，振动、吉拜、凶拜是遇凶事时行的拜礼，奇拜和褒拜可以对前六种进行通称，按拜的次数决定，最后一个肃拜则是专门指妇人的拜礼。这样，凌廷堪将经典中所有的拜礼问题清楚地一一列出，哪些是专名，哪些是泛名，泾渭分明，一目了然。

关于"黄衣狐裘"的问题。这解决的是《论语》中关于礼服的问题。"黄衣狐裘"语出《论语·乡党》，其中有一句话说"缁衣羔裘，素衣麑裘，黄衣狐裘"。一般来说，对该句的解释是，缁衣是黑色的朝服，羔裘是黑毛羊皮；麑裘是小鹿的皮，毛色近白，与作为皮弁服的素衣相称；狐裘是黄毛狐皮，与田夫的衣服相称。凌廷堪认为这样的解释是前后矛盾的，因为"缁衣羔裘，素衣麑裘"所说的都是正式的礼服，而下面紧接着说一个乡野之人的服饰，实在是不伦不类，可见《论语》的注疏对这句话的解释是错误的。那么"黄衣狐裘"到底是什么呢？按照古代的礼服系统，大致将礼服分为三等，分别为"冕服""弁服"和"冠服"。其中冕服分为六种，在天子祭天、祭祀祖先、山川社稷的时候需要穿冕服；诸侯、卿大夫在出使他国和参加天子的祭祀时也需要穿冕服，当然冕服按身份的不同，形制颜色也是不同的。弁服按等级分为三种，第一种称为"爵弁服"，大夫在家庙举行祭祀的时候和士参加天子祭祀的时候需要穿爵弁服，另外，士冠礼的"三加"环节和士昏礼的"亲迎"环节，也要穿爵弁服；第二种称为"韦弁服"，这是出征打仗时穿着的衣服；第三种称为"皮弁服"，皮弁是用鹿皮做的，天子上朝的时候，君臣都着皮弁服，诸侯之间相互朝聘的时候也着此服。最后一等的礼服是冠服，分为两种，一种称为"朝服"，是卿、大夫、士祭祀祖庙时穿着的礼服；一种称为"玄端"，是天子、诸侯平时穿着的服装，大夫和士不觐见天子和诸侯时也着此服，另外，在士昏礼和士冠礼的场合，宾主都身穿玄端。据此，我们可以知道"缁衣羔裘"就是朝服，而朝服属于第三等的冠服；"素衣麑裘"则是皮弁服，属于第二等的弁服。那么，按照递进的顺序，"黄衣狐裘"应该是比前两者更高一级的礼服。凌廷堪又根据《诗经》和《礼记》上相关的记载，最后确定了所谓的"黄衣狐裘"实是指韦弁服，即用熟皮制成的浅朱色的服饰，它仅次于冕服。这样的一种解释，廓清了前人对"黄衣狐裘"一语的误解。

匡扶郑玄，辩驳敖说

维护郑玄的学说，辩驳前人对郑玄的批评，这是凌廷堪《礼经释例》的又一个重要特点。我们从中国古代礼学研究的发展史中知道，郑玄是三礼之学的鼻祖，但是他对三礼进行解释时有任意删改或以一己之意注经的缺点，所以引起了后来一些学者的非议。到了元代，就有一位叫作敖继公的学者，他对郑玄之学十分鄙视，认为其"疵多醇少"，所以编写了一部《仪礼集说》对郑玄的解释进行批驳和修改，企图以自己的新说取代郑玄的旧注。虽然该书在清初很有影响，但也有不少学者认为他把《仪礼》解释得"穿凿支离，破碎减裂，实弥近似而大乱真"，有些地方甚至漠视经典原文，毫无忌惮。乾嘉之际，随着汉学成为学术界的主流后，郑学再次被汉学家奉为典范，又有学者对敖氏之书提出了质疑，凌廷堪也是其中的一个。

凌廷堪给学友卢文弨的《仪礼注疏详校》写序的时候，曾告诫研究礼学的人要特别警惕敖继公对《仪礼》妄自增改的那部分内容。他还在《礼经释例》中通过分析和引证，阐明郑玄礼注的价值是后人不可撼动的，虽然郑玄在有些地方的说法有欠妥当，但是这毫不影响他礼学鼻祖的地位。而相形之下，敖继公出现的错误则表明他连基本概念都没有搞清楚。比如《士冠礼》和《士昏礼》中，经文都写着"三揖"，意思是在主宾一同从庙门走到堂上的过程中要进行三次揖礼，短短的一段路程，为什么要行三次礼呢？通过郑玄的注释我们知道，原来宾主进入庙门以后，是分别通过东西两侧的堂途走到堂上的，门是开在正中的，不是正接着堂途的，所以宾主各自走向堂途的时候要先背对背，于是转身之前要行第一次揖。当两人走到堂途，转身面对堂的时候，又再次照面，此时要行第二次揖。然后两人继续走，在遇到竖立在中庭里的庙碑时，为表示敬意，要行第三次揖。可见每一次揖都是有原因的。然而，敖继公在解释经文中的"三揖"时，说宾主从庙门一起走到堂上，在每个三分之一处行揖礼。可见他对庙的结构都不甚清楚，更不知道"堂途"和"碑"的位置，这样怎么能知道"三揖"的缘由呢？

又如关于丧礼中服丧期限的问题。《仪礼·丧服》中规定每个人按照贵贱和与死者的亲疏程度穿着不同的丧服和履行不同的服丧时间，一共分为五等，包括十一种情况，由重到轻分别为斩衰（"衰"读音如"崔"）三年、齐（"齐"读音如"兹"）衰三年、齐衰杖期（"期"是"一年"的意思，读音如"积"）、齐衰不杖期、齐衰三月、大功殇九月（或七月）、大功九月、缌衰（时间为七个月，"缌"读音如"岁"）、小功殇五月、小功五月、缌麻三月。在《仪礼·丧服》的经文中有一段写道："公的同父异母的弟弟为自己的生母"服"大功九月"。"公"相当于国君，仅仅次于天子，比如春秋时的齐桓公、晋文公，他们弟弟的生母死了，为何却只能服"大功九月"？《仪礼·丧服》上不是明明写着"父卒为母"服"齐衰三年"吗？这里为什么丧服也减轻了，丧期也减短了呢？《仪礼》马上给出了原因——"先君余尊之所厌，不得过大功"。

凌廷堪指出这是因为庶出的身份使公的弟弟服丧的程度不能超过公，因为在丧服中身份的尊贵比血缘的亲疏更加重要。经文中既然已经称"公之庶昆弟"，说明父亲已死，由嫡出长子继承公位，庶弟的生母，也就是公的先父的妾，也算是公的母亲，公为她按照"父卒为母"的档次服丧，按照身份贵贱的原则，公的丧服一定会重于他的庶弟，所以他的庶弟只能服下一档次的丧服。可见问题的关键在于对《仪礼》经文中"先君余尊之所厌"这句话如何解释，凌廷堪说公和他的庶弟的父亲是同一个人，由于公继承了父亲的爵位，享有"先君"，也就是父亲的"余尊"，服丧时盖过庶弟。然而，敖继公在此解释说"以死者为其父尊之所厌"，认为只服"大功九月"的原因是父亲的尊贵盖过了他的妾，这个解释是错误的。此种例子在《礼经释例》一书中很多，这里不一一列举。

　　凌廷堪《礼经释例》的上述四个重要特点，基本上跳出了传统研究《仪礼》的旧模式，为重新研读《仪礼》开创了一条新的途径。可以毫不夸张地说，在凌廷堪之后，任何一个想在《仪礼》的研究上有所作为的学者，都必须先读懂《礼经释例》，否则恐怕连礼学的门都摸不到呢。当然，凌廷堪研究《仪礼》不仅仅是发幽古之思情，其目的是阐发他复归古礼的礼学思想。

第6章

复归古礼

　　凌廷堪的《礼经释例》虽然为《仪礼》重新制例，归纳出礼学的种种规律性礼仪程式，但他深知《仪礼》和其他礼学经典本身的意义并不在于此，圣人制礼是希望人通过习礼回复善性，如果一直停留在礼仪的表面，对仪式再怎么熟悉，也只是表面功夫而已。礼仪的实行是一个手段，当礼义被领会时，人们也就可以"得鱼忘筌"了。凌廷堪当然没有停留在礼仪层面，而是在写作《礼经释例》的同时，提出了他自己的礼学主张，其中包含着丰富的思想内容。也正因为此，我们在了解了凌廷堪的礼学特点之后，也就可以进一步看看他的复归古礼的思想内容了。

一、礼是圣人创拟的规矩

　　"礼是圣人创拟的规矩"是凌廷堪复归古礼说的一个重要

思想内容。所谓"圣人之道"，一般都理解为是圣人、先王顺乎自然而为社会立法的准则。如孔子所说："夫礼，先王以承天之道，以治人之情。故失之者死，得之者生。"孟子也说过："人之有道也，饱食、暖衣、逸居而无教，则近于禽兽。圣人有忧之，使契为司徒，教以人伦，父子有亲，君臣有义，夫妇有别，长幼有序，朋友有信。"朱熹也说："礼仪三百，威仪三千处，圣人之道，弥满充塞，无少空缺。若于此有一毫之差，便于道体有亏欠也。"这些都说明所谓的"圣人之道"实际上就是礼，所以理解了礼也就等于明白了圣人的道，道在礼中，礼中有道。根据这样的一种解释，凌廷堪又作了进一步的论证，认为圣人之道就是"礼"。

在凌廷堪看来，《论语》记录了孔子的言语，代表的是圣人之道，然而孔子在《论语》中主要是阐发"礼"，而不是讲"理"。圣人制礼，就是制定一种社会结构和行为准则，从而使人从物质的、行为的感染和实行中，接受这种行为模式，并且自觉地维护由这种模式而形成的制度，即所谓的"冠昏饮射，有事可循也；揖让升降，有仪可案也；豆笾鼎俎，有物可稽也"。如凌廷堪所强调的"士冠之礼"就是一例。据凌廷堪的学生胡培翚的《仪礼正义》介绍，作为成人之礼的士冠礼，分为十八个环节，即筮日、戒宾、筮宾、宿宾及宿赞冠者、为期、冠日陈设、主人以下即位、迎宾、赞冠者入、始加、三加、宾醴冠者、冠者见于母、宾字冠者、冠者见兄弟赞者姑姊、冠者见君及卿大夫乡先生、醴宾、送宾归俎。冠礼自始至终皆由父亲筹划主掌，首先至宗庙占卜吉日，以子成人将行成人礼告于祖先，表示慎重；再约请颇具声望的族长为其子主持冠礼。到了正式加冠仪式的时候，又须更换三次不同的服饰，以示进入社会的严肃性。冠礼表达了父辈对晚辈的深切关怀与期望，所以说通过冠礼"父子之情油然矣"。此外如强调君臣之义的觐礼，分为九节，重在体现"君敬臣以贤，臣事君以义"的伦常关系。晚清经学家皮锡瑞在谈论乾嘉礼学的社会意义时曾说："盖使人循循于规矩，习惯而成自然。嚣陵放肆之气，潜消于不觉。凡所以涵养其德，范围其才者，皆在乎此。"这是有一定的历史根据的。

当然，礼学虽然是儒学的核心，但它并不是儒学的全部，将"礼"视为"圣人之道"，还只是针对外在的行为表现，而礼的真正意义在于它体现了以情为主体的人的自然本性。

二、礼是人们表达情感的方式

与"礼是圣人创拟的规矩"一样，"礼是人们表达情感的方式"也是凌廷堪复归古礼说的重要思想内容。这里所谓的"情"，是指"人情"，即《礼记·礼运》篇中所说的"礼本于人情"。那么什么是"人情"呢？根据《礼运》篇的记载说："何谓人情？喜、怒、哀、惧、爱、恶、欲，七者，弗学而能。"可见，所谓"人情"，归根结底还是指人不通过学习就显露的自然本性，因此"礼为人之情"，实际上就是说礼之所以重大，主要是因为它体现了人的自然本性，所以凌廷堪主张学礼复性。他说：

夫人有性必有情，有情必有欲，故曰："饮食男
女，人之大欲存焉。"圣人知其然也，制礼以节之，
自少壮以至耆耄，无一日不囿于礼，而莫之敢越也。
制礼以防之，自冠昏以逮饮射，无一事不依乎礼，而
莫之敢溃也。然后优柔餍饫，徐以复性，而至乎道。
周公作之，孔子述之，别无所谓性道也。

　　"饮食男女，人之大欲"，本是乾嘉学者讨论人性的一个热
门话题。如戴震、焦循也都有这方面的专门论述，但是他们所
辨析的内容主要是有关人性问题而很少与礼学相联系。他们是
将"欲""性"作概念式的区别和联系，也就是不牵涉到现实
生活层面。然而凌廷堪的兴趣不在探讨人性或道德本体，而是
致力于发掘礼所蕴含的道德意义。在凌廷堪看来，礼起源于人
的情欲，礼是对情欲的节制和规定，离开"情"和"欲"，也
就没有所谓的"性"，更谈不上所谓的"礼"。这显然与宋明理
学家所强调的"存天理，灭人欲"的人性论格格不入。

　　宋明理学家提出"天理"与"人欲"的对立，是根据
《礼记·乐记》"人生而静，天之性也；感于物而动，性之欲
也，物至知知，然后好恶形焉。好恶无节于内，知诱于外，不
能反躬，天理灭矣。夫物之感人无穷，而人之好恶无节，则是
物至而人化物也。人化物也者，灭天理而穷人欲者也"这一理
论而推导出来的。也就是说，存在于人性中的"天理"是安静
而纯净的，然而人降生到这个到处充满诱惑的世界之后，性之
欲便展现出来，无止境地追求喜好的东西，消灭和逃避厌恶的
东西，渐渐地离本性越来越远，人性中那些固有的"天理"已

不复存在，只留下对人欲的贪婪和屈从，为物所役。因此朱熹认为人的心中如果有"天理"，那么"人欲"就没有了，反过来如果"人欲"占了上风，"天理"也就消失了，两者是不能夹杂着并存的。所以朱熹力辩"人欲"之非，他希望学者都尽力清除那些人欲，恢复人性中的天理，这样才能称得上是真正地学习圣人。至于人基本的生理需求，朱熹也同样处处表现出藐视物质生活的倾向。如他认为："衣食至微末事，不得未必死，亦何用犯义犯分，役心役志，营营以求耶？某观今人因不能咬菜根而至于违其本心者众矣，可不戒哉？"这样把人们为生存而争取物质资源所作的努力当作"人欲"而加以排斥，实际上是以"理"来排斥"礼"的合理性。事实上，物质生活需求得不到满足，每天咬菜根，固然可以不影响精神生活的快乐，但是这与改善了物质条件后使精神生活获取更大的快乐并不矛盾。

凌廷堪认为圣人是根据自己的欲望来推及常人的，欲望不是骇人听闻的东西，根本不必如瘟疫般唯恐避之不及，人们在日常生活中应当根据自己的"所欲"来"施于人"，互不侵犯，各守恕道，使社会井然有序。在他看来，圣贤之学是推情合性，绝非尊性灭情。情虽有"欲"却无"恶"，因为它是人的自然本性，这就是凌廷堪所说的"圣人不求诸理而求诸礼，盖求诸理，必至于师心，求诸礼，始可以复性也"的意义所在。由于人性是由情欲来体现的，"情"与"欲"是相一致的，所以"礼为人情之钜"。实际上凌廷堪是主张以"情"来取代"理"，其最终的目的还是落实在复归古礼的层面上。

三、礼是古人为学的根本

既然圣人之道就是礼，而且礼又是缘情而作，那么除了认真地践履礼所规定的一套仪节，其他也就可以不必考虑，所以凌廷堪在"礼是圣人创拟的规矩，礼是人们表达情感的方式"这些基本观念的基础上，又提出了"礼是古人为学的根本"的思想，它成为复归古礼思想的又一个重要内容。凌廷堪说：

> 夫人之所受于天者，性也。性之所固有者，善也。所以复其善者，学也。所以贯其学者，礼也。是故圣人之道，一礼而已矣。……自元子以至于庶人，少而习焉，长而安焉。礼之外，别无所谓学也。

从凌廷堪的上述论证来看，学礼是要恢复人性之善，那是人生学习的终极目的。礼虽然有强调礼的社会功能的一面，但是重点更应该落实到士冠之礼、聘觐之礼、士昏之礼、乡饮酒之礼、士相见之礼等的具体仪节之中。礼既是规范个人行为的准则，也体现了人间秩序的和谐，因此学礼与行礼都要求有一种内在的忠诚与自觉。《礼记·冠义》说，"礼义"不是直接讲大道理，而是先调整体态，端正态度，平和语气，行为言语都要符合自己的身份，于是君臣、父子、长幼的区分自然就体现出来。当然，那些琐碎的行礼程式与动作，随着历史的变迁，或是因为礼服、礼器的样式已经无从考证，或是某些行礼者的身份在历史变革中已经消失，很多礼仪环节已废而不行。若以现在的标准评判，甚至颇觉迂腐可笑，但在当时，这些礼仪程式却是相当严肃与慎重的事情。《礼记·檀弓下》曾记载子思因怀念去世的母亲而哭错地方的事情，之后他追悔不已，不断自责"吾过矣！吾过矣！遂哭于他室"。这个事例反映了在丧礼中"哭"的礼仪的复杂性，即使是死者最亲的亲人也不能随意地宣泄感情，礼以节"情"，对哭的时间和地点都给予了限制。子思是意识到自己的"失礼"，而不是被他人约束，这说明践履礼仪必须真心诚意，这样就可以理解凌廷堪为什么说"礼之外，别无所谓学也"的确切含义了。

不过，需要指出的是，凌廷堪的"礼是古人为学的根本"并非是完全滞留在单一的礼学层面上的，而是另有广泛的学术诉求。首先他从字义上来辨别"礼"与"理"的差异，与宋明理学作出明确的分野，这是凌廷堪礼学思想的一个特色。

"礼"的初始意义是指祭祀。东汉学者许慎《说文解字》解释说："礼，履也，所以事神致福也，从示，从豊。"段玉裁注："礼有'五经'，莫重于祭，故礼字从示。豊者行礼之器。"又于《豊部》解释说："豊，行礼之器也，从豆，象形。"近代学者王国维先生通过对甲骨文中相关字的考释，对"礼"的字义又作进一步的引申，认为礼字最早是指以器皿盛两串玉献祭神灵的活动，后来也兼指以酒献祭神灵，再后来则以礼指一切祭祀神灵之事。根据许慎、段玉裁从字形的分析及王国维的字义引申，可确知"礼"是指古人的一种践履行为，即以器行礼、祭神祈福的活动。

至于"理"的字义，《说文解字》解释说："治玉也，顺玉之文而剖析之。"这说明"理"字的本义是指加工雕琢玉石，并由此引申为事物的一般规律与条理。

由此可见，"礼"和"理"两个概念有着本质上的区别，并没有多少联系。然而到了宋代，理学家为了建立理学思想体系的需要，将"礼"纳入无所不包的"理"字，"礼"被加入"理"或"天理"的解释，所谓的"视听言动，非理不为，即是礼。礼即是理也。不是天理，便是私欲"，"礼即天之理，非礼则己之私也"，"礼者何也？天理也"。在理学家那里，"理"或"天理"主要是指君主专制下天经地义的道德规范，而礼仪是从属于"理"的。在这个意义上，"礼"不过是"理"或者"天理"的一种表现形式，而"理"才是真正的道德本体。朱熹曾说："礼者，天理之节文也，人事之仪则也。"又说："故仁者仁之本体，礼者仁之节文也。"礼之所以称为"天理之节文"，那是因为天下皆有当然之理，这个理无形象无踪影，故而画出一个天理给人看，教人有一定规矩，有所凭据。又认为礼即是理，如果只说是理，则担心没有形迹来加以演说，故制理为礼，则有品节文章，给人以可见的形象。按照朱子的这种理解，礼就是天理的形象化、实在化。

朱熹的这种解释，早在清初颜李学派那里就有所论辩。李塨就说过："理字圣经甚少，《中庸》'文理'与《孟子》'条理'同，言道秩然有条，犹玉有脉理……今乃以理代道，而置之两仪人物之前，则铸铁成错矣！"乾嘉时期的戴震认为："理者，察之而几微必区以别之名也，是故谓之分理；在物之质，曰肌理，曰腠理，曰文理；得其分则有条而不紊，谓之条理。"理是"分理"，是"条理"，理存在于事物之中，离开事物，

127

"理"就不复存在。"理"是事物内在规定性的区分，是事物之间区别的根本标志。此后，焦循和阮元也提出过类似的意见。如焦循认为"礼"与"理"的根本区别在于，尊"礼"能使人们相互谦让，而论"理"却会导致人们互相争夺；"礼"能保持社会的和谐，而"理"则是社会动乱的因素。"礼"是先王立政的根本，是人类生存的法则，是人们行事的原则。

对此，凌廷堪采用了乾嘉学者擅长的考证方法，以证明经典文本中原无"理"字。凌廷堪认为宋儒的理学，是汲取了佛学的思想，借用了佛学的语言，貌似新义迭出，实际上是佛学思想的改头换面。所以他进一步指出："宋儒最喜言《学》《庸》，乃置好恶不论，而归心释氏，脱口即理、事并称，体、用对举。不知先王制礼，皆所以节民之性，好恶其大焉者也，何必舍圣人之言而它求异学乎!"这表明，凌廷堪研究礼学，其目的在于剥离宋儒加进的非儒学的"理"的性质，以维护儒学的纯正。

近代著名的历史学家钱穆在《中国近三百年学术史》中给予了"礼"和"理"一个公允的评断，他说如果就凭"理"字来源于佛家，断言宋儒是借用佛家之学，那么"道"字来自《老子》《庄子》，是不是说儒家就不可以说"道"了呢？同样的，佛书中的"理"字儒家就沾不得了呢？清代汉学家，想用一个"礼"字就抹杀了宋儒的"理学"，是不可能的。从为学精神来看，即使宋儒与佛家同样说"理"，一样言"体"，但只要细心阅读，就会发现两者的不同，何况宋儒时时都在自我检讨，最害怕的是陷入佛学的泥淖，背叛了孔门，为世人不齿。

再说到考据，如果经典的义理只有通过这个方法才能取得，那么试图通过用字的异同和多少就将宋儒否定，将儒学定在"礼"字上，凌廷堪的这种做法恐怕最后还是站不住脚。

不过，凌廷堪"礼是古人为学的根本"的思想除了批评宋学为"伪士不可以乱真儒，犹之鱼目不可以混美珠"，其中还包括对当时的考据学风的批评。如他认为崇尚考据的人大都是"袭其名而忘其实，得其似而遗其真"。乾嘉时期，由吴地学者开其端，皖地学者进一步发展的汉学研究，经过18世纪中叶的繁荣，并没有给学术本身带来新的发展。恰恰相反，它自身的种种弊端也日益显露出来，如森严的门户之见，烦琐的治学方法，狭隘的研究范围，复古的癖好，等等。学者在恢复原始儒学的旗帜下，日益钻起"牛角尖"，脱离现实，整天埋头于浩如烟海的群经之中，斤斤于一字一句，企图在零星片断的记载中寻觅汉代经师们解释经典的奥秘。其结果反使十分简单的客观事实成为主观的描述，导致了经学研究的正伪混淆，经学的文章越写越多，但经典真正的含义却越来越模糊。虽说凌廷堪基本上也遵循当时汉学家从文字学入手来研究经典的方法，但是他对于考据的局限性也有清醒的认识。他认为训诂考据虽然是为了使经典所表达的意思更加明确，但是绝不能使研究经典沦为纯粹的文字注脚，搞清楚每个字的来龙去脉固然重要，但是这样未必就能够完全理解经典的意义。

乾嘉学者以训诂考证见长，确实有助于解决经典中很多千年以来都未能解释明白的疑点。然而训诂考据仅仅是研究经典的一种手段，目的是通经明理，但绝大多数的学者表现出来的却是将手段变成了目的。凌廷堪认为经典中所保存的圣人道法与先王治国的道理，不是那些认识一些古字，在断垣残碑、竹木书简中苦苦寻觅，做些文字考古的人所能理解的。诚如曾国藩所指出的那样，在乾隆中叶，学人们都崇尚鸿博，凡事都讲求证据。于是为搞清楚一个字，往往写上几千个字的注释。这就是当时所谓的"汉学"。魏源更慨叹如此下去，天下人的聪明才智都要浪费在无用的地方了。因此"汉学"不但遭到当时尊奉宋学者如姚鼐、方东树等人的抨击，在汉学家内部也出现了不满和检讨。甚至著名汉学家段玉裁也不无感慨地说：那些喜欢考据的学者，整天热衷于捡芝麻，不顾学问之根本，等到年老醒悟时，为时已晚。段玉裁此言虽然是一种自谦的表示，但是也说明当时汉学确实受到了来自社会各方面的批评。因此，从经学思想的层面来看，凌廷堪提出"舍礼无以言学"的思想，具有扭转考据学风、调和汉宋学术的初衷。从这一意义上说，"礼是古人为学的根本"无疑为复归古礼提供了理论上的准备。

四、古代礼仪中的"尊尊"与"亲亲"

"尊尊"与"亲亲"既是西周社会设立宗法制度的核心，也是儒家提倡礼义的两大基石。《礼记·中庸》云："仁者人也，亲亲为大；义者宜也，尊贤为大。亲亲之杀，尊贤之等，礼所生出。"由此可见，"亲亲之杀"强调的是天然血缘关系的亲疏远近，"尊贤之等"则侧重于社会等级的尊卑之别，二者体现了不同的伦理价值观。"亲亲"体现的是"情",而"尊尊"体现的是"义"。《礼记·郊特牲》就明言:"礼之所尊,尊其义也。"不过,在古代社会,尊尊与亲亲之间,常常难以二者兼顾,时或有所冲突。如《世说新语》就记载了魏文帝曹丕曾询问群贤说:"今有一丸药,得济一人疾。而君、父俱病。与君邪? 与父邪?"这就将"尊尊"和"亲亲"如何兼顾的难题真实地凸现出来。当然身为皇帝的曹丕的意思也相当明确,那就是药丸首先应献给君,其次才给予父。这说明,当尊尊与亲亲无法同时兼顾时,那么"义"是第一位的,"情"是第二位的,亲亲应该屈从于尊尊。宋明时期,理学家用"天理"来解释"礼",强调君权独尊,尊父屈于尊君,而尊母则屈于尊父,礼学被改造为纲纪伦理之学。传统意义上所谓礼义,也被抽象化的"理"所取代,从而也就丧失了儒家所强调以天伦为仁之本的基点。对此,凌廷堪在"探寻先王制礼之义"的过程中,对"亲亲尊尊"却有了新的发现。他说:

> 先王制礼合封建而言之,故亲亲与尊尊并重。封建既废,尊尊之义,六朝诸儒或有能言之者。宋以后儒者,因陋生妄,于其所不知,辄以己意衡量圣人,由是说丧服者益多而礼意日益晦。心窃惑焉。谨取经与传言尊尊之义者,别辑为一篇,名曰《封建尊尊服制考》,而以《戴记》释经与传者证之。俾读者一览而知,不致迷于所往。庶于经义不无少裨焉。

凌廷堪认为"尊尊"与"亲亲"其实来源于"封建"制度。这里所说的"封建",并不是我们今天所说的"封建家长制""封建思想""封建迷信"等的"封建",而是指分封土地、建诸侯国。春秋战国时期,天子将除京城以外的国土分给与自己同姓的诸侯王。此时期,天子与诸侯其实是先帝的嫡传和庶系的关系。如春秋时的鲁国、宋国、燕国、卫国、晋国、郑国的君主都与当时西周的天子同姓"姬",所以他们之间不仅是君臣,也是兄弟。在凌廷堪看来,所谓"尊尊",是指那些担负承祧宗庙、保护封地、抚恤宗族、量刑赏爵的人,所体现的仅是一种职责,而不是其名位的尊贵,因为当时除天子之外,诸侯、卿大夫和士都负有维护社会秩序的责任,所以也都被尊称为君,即所尊的是"受重者,所受宗庙土地爵位人民之重"者。至于将"君"称为"尊",并专指南面之帝王,是从汉代郑玄开始的,他将"术"解释为"道",从而将"尊尊"赋予了"君"的象征意义,后人治经都遵从唐人"疏不破注"的原则,不考察经传原文,而是始终迷信郑玄的解释,特别是宋儒曲解经义,以"君"专指帝王,导致"尊尊"演变为"尊君",而且尊君太过,致使它本来的意义不复为人们所知。所以凌廷堪接着分析说:

> 《礼记·大传》:"服术有六:一曰亲亲、二曰尊尊、三曰名、四曰出入、五曰长幼、六曰从服。"郑注:"术犹道也。亲亲,父母为首。尊尊,君为首。"《丧服小记》亦云:"亲亲尊尊,人道之大者也。"亲亲尊尊二者以为之经也,其下四者以为之纬也。所谓尊尊者,皆封建之服。何休所谓"质家亲亲,文家尊尊"是也。

"服术有六"的"术"字含义是"原则"，所谓"服术有六"是指古代服丧的原则有六种区别：一是为自己所爱的亲族而服，二是为自己所尊敬的人所服，三是为本家族的异姓女子而服，四是为已嫁女子或未嫁女子而服，五是根据长幼关系而服，六是根据从服关系而服。《礼记·丧服小记》云："亲亲，尊尊，长长，男女之有别，人道之大者也。"按照孔颖达的疏解，亲亲是指父母，尊尊是指高祖、曾祖和祖父，长长是指兄弟及旁亲，所以该句的解释应该是，为父母服丧，为祖父及曾、高祖服丧，为兄弟及其旁服丧，对于其中的男子和女子，都要有所区别，这是人所应该遵循的大原则。所以《礼记·大传》又云："圣人南面而治天下，必自人道始矣……亲亲也，尊尊也，长长也，男女有别，此其不可得与民变革者也。"这里所强调的"亲亲""尊尊"等不可以变革的原则，实际上就是"人道之大者"，就是连圣人也必须遵循的大原则。在凌廷堪看来，服术中的"亲亲"和"尊尊"是服制中最为基本的两条原则，而其余的"名""出入""长幼""从服"其他四条"服术"，都是从亲亲与尊尊中推衍出来的，尊尊所体现的正是"封建"政体中的服术，而不是郑玄所解释的"尊为君"。这不仅厘清了"尊尊"与"尊君"的本质差别，而且也否定了郑玄视"尊尊"为君的权威解释，从而恢复了礼义的本来面目。

　　综上所述，我们可以看出，凌廷堪所反复论证的"礼是圣人创拟的规矩"，"礼是人们表达情感的方式"，"礼是古人为学的根本"，"古代礼仪中的'尊尊'与'亲亲'"等思想内容，从总体上说，是以探究作为个体的人如何能自觉地成为这些礼仪制度的承担者，并使这些外在的礼仪制度的普遍性成为个体的内在本质，从而走上一条道德化的道路，即以扬弃人的原始生命形式为前提的，它已不再局限于纯粹地讨论宋明理学那种形上性理之学的书面总结，而是始终围绕着风俗人情、社会秩序和伦理价值观念等儒家的道德学说而展开，它所揭示的正是礼学所蕴含的思想性、社会性和行为文化的意义与价值。

凌廷堪将礼学研究落实在实际践履的层面，也是他不同于当时的其他经学家的地方。在凌廷堪的脑海里有着一个国家运作的经线和纬线，他绝不是书斋里的学者，而是深深懂得光有"著述者"是没有用的，必须要有"设施者"才能将社会运作起来，可见其"经世致用"意识非常明确。那么，经典在这里就是要指导"设施者"的。儒家的圣人之说因为囊括了现世生活的方方面面所以才值得后世顶礼膜拜，这是这片土地上人民存在的意义和方式。所以学术的纷争和雕虫小技的炫耀，最终使经典的光芒被挡住或者偏折，而致使活着的人走进了暗道，脱离了祖先的庇护。凌廷堪选择《仪礼》作为起点，要做的不是为经典而经典，而是通过这部经典启示现世。日常的礼仪是最贴近百姓生活的，不用说什么大道理，在仪式的运转中，人们自然会跟上复性归善的步伐。凌廷堪为自己设定的角色正是要唤醒那些仍然迷恋宋明理学和沉醉于考据学的人，将他们引入尊礼行礼的轨道上。唯有如此，社会风气才会渐渐由浑而清，回复淳朴。这也是凌廷堪提倡复归古礼的用心所在。

第7章

历史影响

　　乾嘉时期著名汉学家江藩在为凌廷堪的《校礼堂文集》写序时，对这位一生学耕不辍的知交这样评价："君学贯天人，博综丘索。继本朝大儒顾（亭林）、胡（渭）之后，集惠（栋）、戴（震）之成。精于三礼，专治十七篇，著《礼经释例》一书，上绍康成（郑玄），下接（贾）公彦。而《复礼》三篇，则由礼而推之于德性，辟蹈空之蔽，探天命之原，岂非一代礼宗乎!"凌廷堪"一代礼宗"的美誉由此传开，他的《礼经释例》成为礼学研究的经典之作。而凌廷堪企图以"礼"来取代"理"的思想观点，在清代中叶的学界引发了复兴礼学研究的热潮，沉睡了将近四百年的礼学经典再度成为学者们关注的焦点，他们希望通过重振礼学来挽救世风日下的清代社会。

一、悄然转变的乾嘉学风

乾嘉之际，经典考证是学界的主流，但是在经典考证的背后，却另有一种比较明显的学术走向。清初以来，顾炎武、黄宗羲、颜元等人即提倡学术复三代之古，而到了乾嘉时期，戴震、焦循、阮元等人又把儒学直接理解为"礼"学，否定宋明理学、心学，排斥一切"虚理"，于是在学界显现出一条"由理学到礼学"，"从尊孟到崇荀"，"以古礼正今俗"的思想脉络，而这条思想脉络也正是形成凌廷堪礼学研究的历史背景。

首先，清代立国之初，为了有效地缓和满、汉文化之间的冲突，稳定民心，确立了崇尚程朱理学的基本国策。如康熙皇帝称朱子之学为"集大成而继千百年绝传之学，开愚蒙而立亿万世一定之规"，认为朱学不仅"皆内圣外王之心传"，关乎世道人心、治乱兴衰，而且"非此不能知天人相与之奥，非此不能治万邦于衽席，非此不能仁心仁政施于天下，非此不能外内为一家"，从而极力扶持宋明理学，大量印行宣传程朱理学的官书，如《性理大全》《朱子全书》《周易折中》《性理精义》等。另一方面，提倡经学，重新修礼作乐，礼制建设也被提上议事日程，一些朝政大臣纷纷倡导礼说。这种对礼制建设的呼吁，虽然在清初还没有成为学界的主流，但是到了乾嘉时期却成为一种思潮。

乾嘉时期，礼学格外受到朝廷的重视，乾隆皇帝就明确表示古代的经典是实施政教的源头，其中《礼经》是最切近人伦日用的。正是在这种重礼重经学思想的指导下，乾隆元年（1736）朝廷开设"三礼馆"，命儒臣修纂《三礼义疏》，任命鄂尔泰、张廷玉、朱轼、甘汝来充任总裁，杨名时、徐元梦、方苞、王兰生充任副总裁。后汪由敦、尹继善、陈大受、彭维新、李清植、李续、任启运补副总裁。一时专精礼学的学者如诸锦、惠士奇、杭世骏、蔡德晋、吴廷华、姜兆锡等都应召参与编修。乾隆二十一年（1756）六月又修毕《大清通礼》五十卷。乾隆皇帝在其所下的谕旨中称："朕闻三代圣王，缘人情而制礼，依人性而作仪，所以总一海内，整齐万民，而防其淫侈，救其凋敝也。"与此同时，自南宋以来一直被视为礼学典范的《朱子家礼》受到质疑。

这种由独尊程朱理学到崇尚礼学的变化，表明了官方原来以理学治国的理念，开始转向提倡以礼来维系社会人心。这一理念变化的直接社会效应，便是引发了学界对三礼之学的更大关注。"三礼"作为儒家为古代社会制定的礼法制度与道德规范，一直被视为传统经学的精髓。然而在中国经学史上，与其他的经典研究相比较，历代对"三礼"的完整研究可谓寥若晨星，但在某些礼制问题上学者却又争执不下。除了朱熹、吴澄等少数留意研究礼学的学者之外，宋、元、明三朝，三礼之学几成绝响。清初回归经典的学术取向，成为复兴礼学的契机。所以一时间如盛世佐、任启运、黄叔琳、江永、沈彤、程廷祚、汪绂、杭世骏、惠士奇、惠栋、胡匡衷等乾嘉学人，或兼治三礼，或专究一礼，或就一礼之某一问题专门加以考究，礼学研究成为学界的热点，这无疑为凌廷堪的礼学研究起到了一定的启迪与培植的作用。

其次，礼是儒家学说的主干，儒学自汉代成为官方意识形态以来，礼学主要是沿着荀子"隆礼义"的路数发展的。汉唐时期，《孟子》一书并不具有经典的地位，孟子本人被汉唐学者视为先秦诸子之一，因他没有传授什么经典，地位处于荀子之下。唐代韩愈首次提出了儒家的"传统"，判定荀学"大醇小疵"，并将孟子升格至孔子之后第一人，但在当时响应者寥寥。至北宋时，《孟子》一书才被正式确立为经典，南宋朱熹将《孟子》和《论语》《大学》《中庸》合称"四书"，《孟子》的经典地位被牢固确立，并成为理学家谈道讲理的理论依据，孟子本人也成为理学、心学所共同尊奉的精神偶像，学界则以尊孟为正脉，而荀学转趋颓势。

乾嘉时期，在考据学的影响下，儒家经书以及先秦诸子得到学者的全面整理和考订。在此过程中，荀学得到了重新认定。如王昶的《荀子跋》、钱大昕的《跋荀子》、汪中的《荀卿子通论》、卢文弨的《书荀子后》、张惠言的《读荀子》，以及戴震、郝懿行、孔广森等都确认荀子对儒学的重要性。戴震认为"荀子推崇礼义，宋儒推崇理，于圣人之教不害也"。钱大昕也认为，当时理学家表面上盛赞孟子的性善之说，而实际上是"暗用荀子化性之说"。谢墉则在刊刻卢文弨的校本序言中，一反理学家尊孟抑荀的做法，认为孟子与荀子关于人性论的讨论并没有本质上的区别，他们之间的差异则缘于各自论证的视角不同，孟子偏重于人性之"善"一端，而荀子则偏重于人性之"恶"一端，所以不应该将孟子置于荀子之上。这种平等对待荀子和孟子的学术视角，实质是对荀学的一种新的认识，是荀学地位的提升。当然，谢墉的解释并不一定完全符合荀子原意，就事实而言，也许是一种附会，然而这种解释的本身，却具有推重荀学的倾向。这反映了乾嘉时期由独尊孟子转向崇尚荀子的学术趋势，在一定程度上也为凌廷堪复归古礼思想的形成营造了一种新的学术氛围。如凌廷堪非常推崇荀子提倡隆礼的主张，他在《荀卿颂》一文中盛称荀子，其中写到孟子和荀子都继承了孔子的学说，孟子的专长在《诗经》和《尚书》，其在《孟子》一书中引用很多。至于《礼》，孟子自己也说只是略闻其详，而且孟子记载的一些事情与《仪礼》上的说法也不符合，说明孟子并不太了解《礼》。而《荀子》一书所反映的情况就不一样了，其中记录的都是《礼》的本经，阐扬的都是礼最精华的部分，很多被汉代儒生写进了《礼记》中，连郑玄也根据荀子的说法来解释礼经。孟子说"仁"，必定要说到"义"，荀子说"仁"，则推本到"礼"。荀子这么做与圣人制礼的"节性防淫，威仪定命"的宗旨更加接近。后人尊孟子抑荀子，就是逃于礼法之外，既丢了圣人的良苦用心，也将陷社会于混乱中。从凌廷堪对荀子的评价来看，他的礼学研究实际是为了扬荀抑孟。

再次，明清更迭，一些儒者痛感晚明以来颓废风俗对社会的腐蚀，纷纷提倡以古礼正今俗。如顾炎武认为要改良社会风俗，关键在于士大夫要承担起化成民俗的职责。而化成民俗，首先需要重新审视古代礼学的意义。顾炎武的这一观念秉承了儒家的礼学思想，即礼的意义在于体现"齐家、治国、平天下"的经世精神。这种认识不独反映在顾氏一人身上，清初学界就有了开始重视礼经研究的学术取向，如张尔岐的《仪礼郑注句读》，徐乾学的《读礼通考》，万斯大的《学礼质疑》《礼记偶笺》《仪礼商》《周官辨非》等皆致力于礼学探讨，这些学者都试图从古礼中来寻求维系世道人心之法。

乾嘉时期，士大夫研习礼学蔚然成风，相关著作不断出现，如江永未成书的《仪礼释例》、惠栋的《禘说》、沈彤的《仪礼小疏》等。他们虽然基于"理虚而礼实"的观念而倾注于礼经的研究，然而普遍缺乏关注社会现状的热情。因而清初学者那种"以礼正俗"的理念，发展到清中叶已经逐渐蜕变为纯粹的考礼。当时社会承平日久，海内殷富，社会风俗更趋侈靡。士大夫的价值观亦为社会风气所感染，道德观念渐趋淡薄。因此，提出以古礼正今俗，重建社会秩序，成为当时的急务。乾隆皇帝的老师朱轼说："儒道宗旨，就世间纲纪伦物上着脚，故由礼入最为切要"；"先王制礼以顺仁人孝子之情，而不强其所不能。礼制定，而不肖者亦范围于其中而不敢过。彼较量尊卑疏戚之伦，为世爵世禄计者，由礼教之不明也，礼明而此患息矣"。朱轼的这一番话表明，以古礼正今俗，已成乾嘉时期普遍的社会要求与学者的共同愿望。可以这样说，凌廷堪复归古礼的礼学研究正是在清初至乾嘉时期不断呼吁重新构建礼制，化成民俗这样一种氛围中逐步形成的，同时也意味着乾嘉学风已呈现出新的学术取向。

二、登峰造极的礼学研究

嘉庆七年（1802）的冬天，凌廷堪对他的学生说："向尝谓吾圣人之道不能外礼而求，由今静思之，真觉确不可易矣。十余年功力，一旦卓然自信，乐不可言。"接着凌廷堪写下了反映他礼学思想的最重要的文章——《复礼》三篇，随后又以《慎独格物说》《好恶说》和《论语礼后说》等文章继续阐发他的礼学观点，由此，凌廷堪的礼学构架基本完成。之后，他将这些文稿示诸友人同好，一时之间传抄开去，在徽州学界造成了不小的影响。曾经是凌廷堪乡试时的主考官、后来擢升为户部尚书的朱珪和挚友阮元分别作诗祝贺，其中阮元的贺诗写道："岂知后（苍）与庆（普），家法传衰髦。凌君发礼例，杨（复）李（如圭）不屑冒。金（榜）程（瑶田）及刘（台拱）卢（文弨），相视互不慊。"

阮元将凌廷堪与历代和当代最著名的礼学大师相提并论，可见其推崇程度。曾在毕沅幕中与凌廷堪一起编修《史籍考》的洪亮吉闻讯后，也特地前来宣城拜贺。时任宣城教谕的戴大昌评价："此论乍闻之，若生面别开，而细案之，实还其本来面目也。特向者未经人指点耳，今为拈出，儒家得指南车矣。"钱大昕则盛赞他"尊制一出，学者得指南车矣"。阮元的儿子阮常生为乃师校对《礼经释例》时，发现这部著作不仅仅是对《仪礼》的创造性的归类，而且每条"例"中都蕴含了凌廷堪精辟的见解，使人阅读时爱不释手，不断有新的发现，于是他在为这本书写序时评价道："非向壁虚造，凭臆断以争胜于前人，其功不在后苍、大小戴、庆普诸人之下。"他将凌廷堪的礼学研究与汉代传授礼经的诸大儒相比，这在乾嘉之际学者极度崇尚汉学的学术氛围中，是对一个学者的最高评价了。而江藩更是从礼学的实践角度指出该书才是真正的体用之学，绝非空谈性命的理学可以比拟，于是以"一代礼宗"来赞誉凌廷堪在礼学研究领域里的重大建树。道光初年，阮元又将《礼经释例》与《复礼》收入他策划主编的《皇清经解》中，从此也就确立了凌廷堪作为清代礼学大家的历史地位。

晚清以来，学术界对礼学的研究有了进一步的发展，如黄式三父子礼学的出现。黄式三，字薇香，号儆居，晚号知非子，浙江定海人。晚年专注于礼学，颇有所得，认为"礼可以怡情，可以淑性，可以定命"，著有《复礼说》《崇礼说》《约礼说》等篇。他的儿子黄以周，字元同，号儆季，自幼承训家学，与兄长一起随父学经，尤精于"三礼"，博大精深。"黄氏礼学"在东南无人可与比肩。黄以周的《礼书通故》一百卷博采汉唐至清有关"三礼"之经注、杂记，对于古代礼制、学校、封国、田赋、乐律、刑法、名物乃至占卜等，详加考核，作出解说，体大精思，为晚清礼经研究之冠。

黄氏父子跳出汉宋门户的窠臼，直接延续了凌廷堪的礼学观点，从整体上对礼学进行了分析。如黄式三在《经礼曲礼说》中说："《礼器》曰：经礼三百，曲礼三千。经礼者，礼之大经；曲礼者，礼经中委曲之数也。"也就是说，礼其实包含了"礼义"和"礼仪"两部分内容，这显然与凌廷堪强调礼义的重要性，认为礼义才是礼的精要所在的认识一脉相承。而凌廷堪之所以贬低理学，是因为担心理学的空渺之言会导致读书人的师心自用，所以并不是反对"理"与"礼义"在意义上的相通之处。黄式三正是看到了这一点，所以提出了"会通礼理"的观点，认为"考礼之学，即穷理之学也"，从而纠正了凌廷堪礼学思想中一味强调弃理言礼的过激观点，也在学理上为"礼理之辩"指出了一个好的解决方向。同时，黄式三对凌廷堪以倡导复归古礼来"复性"的主张十分赞同。他也认为圣人因人情而制礼，在礼仪中，人所流露出来的是真实感情，人性中原本就蕴含着礼的因素，所以《礼运》上说："礼虽先王未之有，可以义起也。"礼绝不是对人性外在的强求，孔子所提倡的"克己复礼为仁"，正是指明了"复礼者，为仁之实功，尽性之实功也"。当然，黄式三发展了凌廷堪的礼学思想。如他指出不管是朱熹的"道问学"还是王阳明的"尊德性"，都因为忽视了礼的作用，从而变成了"滥问学"和"内德性"，其实两者的根本原因在于缺乏内容而空无着落，是"未知崇礼之为要也"。要想达到"至德"并且"凝于至道"，唯有通过追寻前代的古礼，考求古礼的演变，不偏不倚地遵行，才能使人伦敦厚，社会向好的方面发展。

晚清礼学学者除黄氏父子外，还有张成孙等。张成孙，字彦惟，通小学，工历算，于经精研《礼》《易》。他是清代著名经学家张惠言之子。张惠言，字皋文，专治《周易》《仪礼》，《礼》主郑玄，《易》主虞翻。张成孙幼承庭训，对"礼"和"理"的关系提出了自己的看法。他认为汉代的经学，主要是礼学。宋代的学术，主要是理学。汉儒并非说了礼，就不说理，也没有认为说了礼，理就包含其中。宋儒也并非不知道礼，而是认为说了理以后才可以说礼。汉学宋学应该结合起来看，一者是"正心"，一者是"为用"，两者殊途同归，他们继承的都是圣人之学。但是汉宋两家都没有得到圣人之全，后世学者为什么不择其精要汲取，偏要墨守一家，舍本求末呢？一开始就抓住不全面的看法不放，怎么可能得到圣人之学呢？张成孙随即提出了礼理互为表里的见解，他认为仅仅是说礼，就将"里"舍掉了，然而光讲"理"则又放弃了"表"。理想的解释应该是礼理兼顾，因为圣人因情制礼，又根据人性趋利避害的特点，设以尊宠和赏罚来劝人以善，这都是针对一般人的，所以说"民可使由之，不可使知之"，对他们讲大道理恐怕效果甚微。然而，随着时代的变迁，礼仪留下来了，礼义却越来越晦涩，于是宋儒提出"理"，其实是在重新阐明礼义，挽救礼，因为圣人制礼本身就是根据事物所必然之"理"。

此后，曾国藩则强调礼学经世。他认为"修身、齐家、治国、平天下，则一秉乎礼。自内焉者言之，舍礼无所谓道德；自外焉者言之，舍礼无所谓政事。"

可以这样说，从凌廷堪提出的舍礼无以言学，经过黄氏父子与张成孙等人的走出汉宋学术局限而提倡礼理兼顾，直到曾国藩的舍礼无以言政，礼学研究已不再停留在纯粹学理层面的总结与探讨，而是已经形成了一股致力于经世致用的社会思潮。换言之，时至晚清，乾嘉时期以来的礼学研究已到达了最高峰。

三、一个践礼救世的梦

　　梁启超在 1925 年出版的《中国近三百年学术史》中，称赞凌廷堪的《礼经释例》"其方法最为科学，实经学界一大创作"。1937 年，商务印书馆出版了由历史学家钱穆编写的《中国近三百年学术史》，书中作者对凌廷堪的礼学思想和史学思想都有比较细致的分析，认为凌廷堪以"'六经'无理字"来驳宋儒，又试图用"礼节好恶"上接孔荀传统，不但说服力不够，也显示出其自身理论单薄的弊病，在这方面凌廷堪没有超出戴震。1992 年，由安徽人民出版社出版的王茂等撰写的《清代哲学》中，凌廷堪仅被列在《乾嘉学术与哲学思想》的附章中，对其的评价是"在反对虚理的名义下，实际上是取消哲学"，这表明了凌廷堪的礼学思想还不能与乾嘉之际的阮元和焦循等人相媲美。台湾学者张寿安在 1994 年出版的《以礼代理——凌廷堪与清中叶儒学思想之转变》则力排众说，将凌廷堪的礼学思想推到了清代学术史的前列，全书以凌廷堪为中心，层层展开对清代中叶儒学思想变化的分析，认为凌廷堪的礼学思想为当时儒学思想的转变几乎提供了全部的养料，而阮元、焦循等人只有推导之功。这一评价为我们重新审视凌廷堪的礼学研究展示了一个新的视角。

　　在张寿安女士的书中，我们还得知香港学者孙海波在 20 世纪 70 年代已经撰成一篇《凌次仲学记》，他认为凌廷堪的学说"不惟不足以压倒宋儒，但就礼之一面论之，未能尽力发挥，以成一自圆其说之系统，故其语多竭泽无华，尚难与戴（震）程（瑶田）二氏并论者也"。但是，《凌次仲学记》仍将凌廷堪定位为这场礼学思潮的"中坚人物"，最主要的原因在于"其学精博"，而且拥有考证之家多不能的"诗与华藻之文"，使其学说产生巨大影响，所以"欲尚论乾嘉以后之学术，于廷堪不能漠视者焉"。另外，中国人民大学的黄爱平教授也以"凌廷堪学术述论"为题撰写文章（刊载于《清史研究通讯》1990 年第 3 期），认为凌廷堪是以戴震为首的皖派学者中比较有成就和影响的人物，他的"复礼弃理"主张的提出，表明了这一时代学者普遍唾弃宋明理学的趋向，也反映了他们在思想上的探索和彷徨。

从上述种种的评价来看，学人对凌廷堪的礼学研究各持一说，有其一定的理由。然而凌廷堪作为清代中期学术史上一个不可忽视的人物，他的礼学研究在乾嘉之际曾发生相当大的社会影响，其意义是多方面的。

首先，就哲学思想而言，礼作为外在的一种制度，具有协调社会生活、规范人际关系的功能。而作为人的内在性的东西呈现时，它往往又具有节制人的情感和欲望的功能。礼从根本上说，是一种道德要求。关于礼与人性的关系，孟子与荀子有不同的理解，孟子认为礼出于人的"辞让之心"，即所谓"辞让之心，礼之端也"。礼是人性的具体体现，而人性本来就是善的，所以学礼也就意味能尽其性善。荀子则相反，他认为礼是由圣人制定出来矫正人性的，人的本性是恶的，如任其发展，势必破坏社会统一和谐的格局而出现社会群体之间的争乱。所以他认为"《礼》者，法之大分，类之纲纪也。故学至乎《礼》而止矣。夫是之谓道德之极"。孟子与荀子由于人性论上的分歧，最终导致他们对礼的不同认识。荀子之所以推崇《礼》，是因为《礼》不仅代表先王之道，而且是直探仁义之本的"经纬蹊径"。但孟子则认为"礼"是人本身固有的，是内省的结果。然而乾嘉学者认定礼是教化人的必然途径，而且是社会群体结构中所不可缺少的秩序，这意味着他们之所以崇尚礼学，也就是将礼所具有的法的性格贯彻于道德原则，这就促使他们摒弃了宋明以来的思想传统，即由共同尊奉孟子转而尊奉荀子，颂扬荀学，这反映出乾嘉时期学术取向的新变动。然而凌廷堪希望"起而变之"的是复兴"三代"之礼，所以也就超越了两汉而直接先秦诸子，这不仅与当时诸子学复兴的时代要求相契合，而且也开启了晚清诸子学研究的复兴。

第二，就社会思想而言，凌廷堪研究礼学所关注的毋宁说是学术的异同问题，还不如说是通过以礼代理来论证如何在现实社会关系之上寻找人生的意义和存在的价值。基于礼的道德实践，凌廷堪所关注的是人对自己生存的一种独特感受。他并不依赖逻辑推论出一个最高的善，以判断人的行为是否合乎道德，而是一开始便将人的最高生活品质置于统一和谐的习俗之中，因此人类价值的最初来源与最终归依也就等同于繁文缛节的礼了。这种见解，实际上具有唯礼至上的倾向。这说明凌廷堪研究礼学是有鉴于当时整个社会伦理所呈现出的病态和价值心态的失衡。阮元、焦循、凌廷堪等人极度关注礼学的践履意义，这一方面是他们复"三代"之礼的直接动因，另一方面他们试图通过对道德与精神信仰的强调，从而为当时社会提供一种值得效法的新的人生观。

第三，就学术思想而言，凌廷堪的研究弥补了汉学家重学轻德、思想与言行分离的弊端，无视朴学所自持的训诂考据方法的特有价值坐标，走上了一条调和汉宋的坦途。乾嘉之际，学术主流虽然是汉学，但宋学仍不乏活力。一些被汉学家忽视的理学经典与理论被再度重新论证。如阮元的《论语论仁论》《孟子论仁论》《性命古训》《论语一贯说》《大学格物说》，焦循的《论语通释》《性善解》《格物解》，凌廷堪的《复礼论》《好恶说》《慎独格说》等，对宋学中关于人的自然欲望与社会道德责任的命题进行了新的讨论。同时，礼学研究也趋于汉宋兼采。学者们对理学经典的重视与礼学研究，已越出纯汉学的藩篱，客观上是对乾嘉时期汉学采取的一种自我调适。然而凌廷堪以原始儒学与汉代经学立论，其目的是重新确立"经世"的学术方向，因此也就超越了重铸汉学的意义，最终成为汉宋学术融合的纽带。嘉庆以后，无论汉学或宋学，经学研究的重心纷纷转向汉宋兼采，晚清则再度出现了经学经世的社会思潮，无一不深受乾嘉时期礼学思想的启迪。他的礼学思想预示了乾嘉时期"凡古皆真，凡汉皆好"的纯汉学研究的终结，而且也为经典诠释提供了新的解释形态。

当然，凌廷堪的礼学研究也有它理论上的不足之处。首先，清代乾嘉时期，学术研究除了被公认的经典考据，近年来不少学者指出，与此经典考据始终相伴的还有一股导源于戴震、程瑶田至凌廷堪、焦循、阮元等人的弃理言礼、倡导复归古代礼学的学术思潮，称为"乾嘉新义理学"。同时又认为，形成这一学术思潮的关键性代表人物，就是长期寓居扬州的皖籍学者凌廷堪，是他提出了"以礼代理"之说。事实上，凌廷堪虽然表示不赞成宋明理学，但他本人并没有明确提出"以礼代理"的思想，只是一再强调"舍礼无以言学"，"礼之外别无所谓学"的主张。因此，凌氏提倡复归古代礼学的思想主张是否被过分放大，或者说凌氏在乾嘉学术史上的地位是否被有意无意间拔高了？其次，他以礼学取代理学，客观上是带有学术偏见的，他混淆了两个不同学术系统的本质区别。礼学和理学无论是研究方法还是研究目的，直至研究的范围，都有着各自的特点。儒家经学是一个多元的体系，单纯讲考据或理学固然不妥，但是舍弃理学而只言礼学同样也是不周全的。

　　另一方面，凌廷堪的复归古礼的目的真的能达到吗？钱穆先生曾说："次仲十年治礼，考核之精，固所擅长，然必装点门户，以复礼为说，笼天下万世之学术，必使出于我之一途，夫岂可得？"其实，儒学乃是一个发展的学术体系，对于先秦原始儒学，或许可以"礼学"二字概括之，其意义在于对原始的自然法，也就是"礼"的肯定和继承。但从那时起已经开始了"礼""法"分立的过程，原始礼学的一些礼制部分被吸收为后世国家法典的内容，而一些礼俗部分随着社会的发展不断被更新。关于"礼""法"的分化和斗争，只解决了古代社会发展变革过程中的所谓"制度的焦虑"问题，但随着人们自觉能力的提高，人们更有安身立命、心灵安顿的精神需求，即要解决"生命的焦虑"的问题，因而有关生命与心性本质的学说便发展出来。宋明时期所发生、发展的心性之学或曰"理学"就是这样的学问。宋明理学中固然有许多虚妄的成分，但也有许多合理的内容，尤其是在朱熹"格物穷理"的学术宗旨中，正酝酿着一种自然物理之学。这样的学问正有待发展、弘扬而生发出近代的科学思想。但凌廷堪却解释"致知在格物"的命题说："物者，礼之器数仪节也。若泛指天下之物，有终身不能尽识者矣。"凌廷堪非但不能继往开来，开辟出新的学术领域，反而要缩回到原始的礼学那里，其学术气象是有限的。

在中国历史上，任何一种学术思想或学术思潮，都不可能离开它所处的时代，它的局限性始终与它所处的时代紧密地联系在一起。凌廷堪研究礼学、提倡复归古代礼学的研究方法和思想观点，虽然已越出了乾嘉时期纯汉学研究的藩篱，但他对乾嘉时期新义理学所起到的实际作用也是有限的。尽管如此，他对礼学的研究，已达到了那个时代的最高水准，作为清代的一位礼学宗师，他是当之无愧的。

附　录

年　谱

1757 年（清乾隆二十二年）　八月二十日生于江苏海州板浦场寓宅。

1762 年（乾隆二十七年）　父凌文煊卒。

1763 年（乾隆二十八年）　入私塾读书。

1769 年（乾隆三十四年）　家贫，弃学从贾。夏，嫡母戴氏卒。

1772 年（乾隆三十七年）　在含沧书屋结识张宾鹤，从学诗法。

1775 年（乾隆四十年）　襄助吴恒宣修《云台山志》，开始留心南北曲之学。

1779 年（乾隆四十四年）　始志于学，经母允，出游江苏仪征，去往时任仪征课税司大使的表兄许执中署中。

1780 年（乾隆四十五年）　冬，从仪征回板浦场，与兄廷尧及侄嘉锡扶父灵枢回安徽歙县归葬。

1781 年（乾隆四十六年）　受聘于扬州词馆，删改《古今杂剧传奇》，修改曲剧。始撰《元遗山先生年谱》初稿。开始手抄诸经。在扬州与阮元结识。

1782 年（乾隆四十七年）　秋，入京都，拜翁方纲门下学习时文。经翁方纲推荐，进入四库馆，在翁门生章维恒总校手下校书。

1783 年（乾隆四十八年）　夏，纳资入监，进入国子监读书。秋，初次应顺天乡试不第。结识名公巨卿邵晋涵、王念孙、周永年、吴锡麟等。

1784 年（乾隆四十九年）　三月，娶华氏，秋，携归板浦。嫂汪氏卒。与
汪中结识论学，并经其介绍认识江藩。是年专志《礼经》。冬，入京。

1786 年（乾隆五十一年）　秋，二次应顺天乡试不第。与孔广森结交。
冬，回板浦省亲。

1787 年（乾隆五十二年）　春，客扬州。夏，随翁方纲赴赣，结识谢启
昆。八月，赴河南开封，入毕沅幕，主修由章学诚主持编写的《史籍
考》。始撰《礼经释名》，为《礼经释例》的雏形。

1788 年（乾隆五十三年）　秋，第三次应顺天乡试中副榜第十名。冬，回
板浦省亲。教李汝珍。

1789 年（乾隆五十四年）　秋，应万寿恩科江南乡试，中一百零四名
举人。

1790 年（乾隆五十五年）　春，应万寿恩科会试，中第四名。五月，离
京都。

1793 年（乾隆五十八年）　春，参加保和殿殿试，得中第三甲第二十六
名。请求吏部改教职。六月，在热河与时任山东学政的阮元晤面。十
月，回板浦省亲。

1794 年（乾隆五十九年）　在谢启昆处见卢文弨之《仪礼注疏详校》。十
月，部选得宁国府学教授缺。

1795 年（乾隆六十年）　到达宣城，就宁国府教授任。

1796 年（嘉庆元年）　完成《元遗山年谱》。与焦循有书信讨论弧三角问
题。嘉庆帝继位，官员家属得封，凌廷堪祖父凌易筠、父凌文焴获赠
"文林郎宁国府学教授"。

1799 年（嘉庆四年）　撰《礼经释例》三稿，作《礼经释例序》。

1800 年（嘉庆五年）　词集《梅边吹笛谱》完成。

1801 年（嘉庆六年）　以勤职俸满留任宁国府教职。与姚鼐论学，立论
有殊。

1802 年（嘉庆七年）　作《复礼》三篇、《礼后说》、《慎独格物说》、
《好恶说》。

1803 年（嘉庆八年）　撰《燕乐考原》。

1804 年（嘉庆九年）　与舆地学家许云樵论学，与阮元在书信中论乐。

1805 年（嘉庆十年）　春，母王氏九十寿辰。母王氏无疾而终，是日卸
任，尊制成服。妻华氏卒，享年四十二岁。

1806 年（嘉庆十一年）　主讲宣城敬亭书院。

1807 年（嘉庆十二年）　春，回歙县，主讲城南紫阳书院。

1808 年（嘉庆十三年）　在宁波与阮元晤面，阮元长子阮常生受业门下。
撰《礼经释例》第五稿。

1809 年（嘉庆十四年）　六月初二卒，享年五十三岁。

主要著作

1. 《礼经释例》13 卷。

2. 《燕乐考原》6 卷。

3. 《校礼堂文集》36 卷。

4. 《校礼堂诗集》14 卷。

5. 《札记》6 卷。

6. 《晋泰始笛律匡谬》1 卷。

7. 《元遗山年谱》2 卷。

8. 《充渠新书》2 卷。

9. 《梅边吹笛谱》2 卷。